Reform der sozialen Sicherung

Springer
Berlin
Heidelberg
New York
Hongkong
London
Mailand
Paris
Tokio

Friedrich Breyer · Wolfgang Franz
Stefan Homburg · Reinhold Schnabel
Eberhard Wille

Reform
der sozialen Sicherung

Mit 11 Abbildungen und 14 Tabellen

 Springer

Prof. Dr. Friedrich Breyer
Universität Konstanz
Lehrstuhl für
Wirtschafts- und Sozialpolitik
78457 Konstanz
friedrich.breyer@ uni-konstanz.de

Prof. Dr. Dr. h.c. mult.
Wolfgang Franz
Zentrum für Europäische
Wirtschaftsforschung
68161 Mannheim
franz@zew.de

Prof. Dr. Reinhold Schnabel
Universität Essen
Lehrstuhl für VWL
45117 Essen
reinhold.schnabel@uni-essen.de

Prof. Dr. Eberhard Wille
Universität Mannheim
Lehrstuhl für VWL
68161 Mannheim
wille@rumms.uni-mannheim.de

Prof. Dr. Stefan Homburg
Universität Hannover
Lehrstuhl für Öffentliche Finanzen
30167 Hannover
homburg@fiwi.uni-hannover.de

ISBN 3-540-20703-1 Springer-Verlag Berlin Heidelberg New York

Bibliografische Information Der Deutschen Bibliothek
Die Deutsche Bibliothek verzeichnet diese Publikation in der Deutschen Nationalbibliografie; detaillierte bibliografische Daten sind im Internet über <http://dnb.ddb.de> abrufbar.

Springer-Verlag ist ein Unternehmen von Springer Science+Business Media

springer.de

© Springer-Verlag Berlin Heidelberg 2004
Printed in Germany

Umschlaggestaltung: Erich Kirchner, Heidelberg

SPIN 10976388   42/3130-5 4 3 2 1 0 – Gedruckt auf säurefreiem Papier

Vorwort

Die Erneuerung der Sozialen Marktwirtschaft ist ein Dauerthema in der deutschen politischen Debatte. Aktueller Finanz- und Reformdruck in Einzelbereichen, die Betroffenheit von Interessengruppen sowie parteipolitische Abhängigkeiten versperren dabei jedoch allzuoft den Blick auf übergeordneten Reformbedarf. Die 1992 gegründete *Gemeinschaftsinitiative Soziale Marktwirtschaft* der Bertelsmann Stiftung, Heinz Nixdorf Stiftung und Ludwig-Erhard-Stiftung hat sich daher das Ziel gesetzt, den ordnungspolitischen Grundlagen der Sozialen Marktwirtschaft im Rahmen der aktuellen Reformdiskussionen Gehör zu verschaffen.

Mit der vorliegenden Veröffentlichung zur Reform der Sozialen Sicherung hat sich die *Gemeinschaftsinitiative Soziale Marktwirtschaft* entsprechend ihrem Grundanliegen eines sehr aktuellen, drängenden Problems angenommen. Mehr und mehr setzt sich die Erkenntnis durch, daß es einer Rückbesinnung auf die zentralen Aufgaben und Ordnungsprinzipien der sozialen Sicherungssysteme bedarf. Was allerdings nach wie vor fehlt, ist ein integriertes, in sich schlüssiges Gesamtkonzept und eine umfassende Reformperspektive. Eine solche zu skizzieren und damit für die anstehende Reformdebatte ordnungspolitisch konforme Lösungen aufzuzeigen, ist Anliegen der *Gemeinschaftsinitiative Soziale Marktwirtschaft*: Souveränität und Eigenverantwortung, Subsidiarität, Verteilungsgerechtigkeit, Effektivität und Effizienz sind die zentralen Leitlinien, auf deren Grundlage der Reformvorschlag für die sozialen Sicherungssysteme erarbeitet wurde.

Wir danken den beteiligten Wissenschaftlern sowie den Mitarbeitern der Bertelsmann Stiftung für ihre kompetente, engagierte Mitarbeit im Projekt und hoffen, mit dieser Veröffentlichung den notwendigen Diskurs über eine Weiterentwicklung unserer Sozialen Sicherung ein Stück voranbringen zu können.

Prof. Dr. Dr. h.c. mult. Heribert Meffert, *Bertelsmann Stiftung*

Dr. Gerhard Schmidt, *Heinz Nixdorf Stiftung*

Dr. Hans D. Barbier, *Ludwig-Erhard-Stiftung*

Inhaltsverzeichnis

Kurzfassung

Die Reform der Sozialen Marktwirtschaft – sie ist eine komplexe Daueraufgabe mit hohem politischem Stellenwert, die entsprechende Aufmerksamkeit in den Medien erfährt. Freilich handelt es sich bei den Debatten und der Berichterstattung selten um einen gesamtwirtschaftlich rationalen Diskurs: Anstelle einer ganzheitlichen Perspektive, die sowohl die Beziehungen zwischen den sozialen Sicherungssystemen als auch deren Interdependenzen mit der Wirtschaftsordnung einbezieht, herrscht eine isolierende Betrachtungsweise vor, die auf punktuelle Finanzierungsengpässe in den Teilsystemen reagiert und diese mit oft kurzatmigen und unsystematischen Maßnahmen zu beheben sucht. Der Blick auf den übergeordneten Reformbedarf bleibt dabei versperrt.

Diese Studie ist Teil der *Gemeinschaftsinitiative Soziale Marktwirtschaft*, die von der Bertelsmann Stiftung, der Heinz Nixdorf Stiftung und der Ludwig-Erhard-Stiftung getragen wird. Sie stellt einen ganzheitlichen, langfristig orientierten und quantitativ abgestützten Entwurf der sozialen Sicherungssysteme vor, der diese zukunftsfähig macht.

Eine Besonderheit des Textes, der von Wissenschaftlern verschiedener Institutionen erarbeitet wurde, liegt in seiner grundsätzlichen Herangehensweise: Losgelöst von aktuellen Positionen „wichtiger gesellschaftlicher Gruppen", die oft nur den Status quo verteidigen und Änderungen millimeterweise zugestehen, wird eingangs die Frage gestellt, welchen Leitlinien ein System der sozialen Sicherung folgen sollte. Die Leitlinien entstammen einem Gedankenexperiment, das fragt, wie Personen die soziale Sicherung gestalten würden, die ihre eigene Position nicht kennen, die also nicht wissen, ob sie reich oder arm sind, gesund oder krank, und die daher unparteiisch entscheiden.

Eine solche vertragstheoretische Sicht der Sozialpolitik, die Personen hinter einen fiktiven Schleier der Ungewißheit (*veil of ignorance*) versetzt, erlaubt keine axiomatische Herleitung eines „optimalen" Systems, aber sie hilft, Wertungswidersprüche und Inkonsistenzen aufzudecken und Sicherungssysteme zu identifizieren, die den Leitlinien der Reform in weit höherem Maße genügen als der heutige Zustand. Leitlinien der Reform sind die folgenden: erstens Souveränität und Eigenverantwortung, zweitens Subsidiarität staatlichen Handelns, drittens Verteilungsgerechtigkeit, viertens Effektivität und Effizienz, fünftens Nachhaltigkeit und Stabilität, sechstens Rechts- und Planungssicherheit sowie siebtens Transparenz.

Im Anschluß an die Identifikation der Leitlinien untersucht die Studie für jeden Teil des sozialen Sicherungssystems – Sozialhilfe und Arbeitslosenversicherung, Alterssicherung sowie Kranken- und Pflegeversicherung – getrennt, welche institutionellen Arrangements mit den Leitlinien bestmöglich in Einklang stehen. Gibt es mehrere prinzipiell sinnvolle Gestaltungsoptionen, werden diese alternativ dargestellt. Abschließend wird jeweils ein System als das langfristig anzustrebende herausgehoben; dieses liegt der späteren Quantifizierung zugrunde.

Trotz der grundsätzlichen Herangehensweise war es den Bearbeitern ein Anliegen, die langfristig anzustrebenden Lösungen nicht gleichsam im luftleeren Raum stehenzulassen und dabei vom heutigen Zustand und rechtlichen Nebenbedingungen zu abstrahieren. Deshalb wurde jedes Reformelement durch Übergangsregelungen ergänzt, die dem Gebot des Vertrauensschutzes Rechnung tragen, verfassungsrechtlichen Anforderungen genügen und eine Überforderung einzelner Personengruppen vermeiden. Darüber hinaus enthält der Text eine finanzpolitische Begleitung der Reformmaßnahmen, die Ersatz für die Herausnahme bestimmter Umverteilungselemente aus den Sozialversicherungen schafft und zeigt, wie Lastverschiebungen zwischen den Sozialversicherungen und Gebietskörperschaften so ausgeglichen werden können, daß ein allseits akzeptables Ergebnis herauskommt.

* * *

Die oben beschriebene Methodik bringt es mit sich, daß ein flüchtiger Leser, der nur eines der Kapitel studiert, die Vorschläge für ziemlich radikal halten wird – und zwar für links- oder rechtsradikal, je nachdem, welches Kapitel er herausgreift. Die folgende Kurzdarstellung der wichtigsten Ergebnisse könnte diesen falschen Eindruck noch verstärken; daher sei vorweg betont, daß die vorgeschlagene Gesamtreform auf einer einheitlichen Vision von der Zukunft des deutschen Sozialstaats beruht und nur deshalb radikal anmutet, weil die heutigen Systeme ethische und wirtschaftliche Anforderungen weitgehend verfehlen. Natürlich steht zu erwarten, daß Besitzstandswahrer einen derart grundlegenden Vorschlag als „Entwurf aus dem Elfenbeinturm" abqualifizieren – aber dies ist kein Argument, sondern nur eine rhetorische Phrase. Ihr ist die Behauptung entgegenzuhalten, daß Bürger, die sich mit dem Gesamtvorschlag genügend auseinandersetzen, ihn gegenüber dem Status quo klar vorziehen werden, weil er darauf angelegt ist, so gut wie alle Mitglieder der Gesellschaft besserzustellen. Dies vorausgeschickt, seien die Maßnahmen nun im einzelnen skizziert.

Sozialhilfe und Arbeitslosenversicherung: Hinsichtlich der Sozialhilfe wird eine dezentrale Lösung favorisiert, wonach die Gemeinden sowohl für erwerbsfähige als auch für erwerbsunfähige Bedürftige zuständig sind. Die Leistungen werden weitestgehend pauschaliert, und alle Hilfeempfänger werden in die Kranken- und Pflegeversicherung einbezogen. Die Unterstützung für erwerbsfähige Sozialhilfeempfänger wird halbiert, doch bleibt eigenes Arbeitseinkommen zunächst anrechnungsfrei und wird dann nur zur Hälfte angerechnet, so daß ein starker Anreiz besteht, wenigstens eine geringfügige Beschäftigung aufzunehmen. Gelingt es dem Hilfeempfänger nicht, Arbeit zu finden, erhält er von der Gemeinde eine Vollzeitstelle bei ungekürzter Unterstützung.

Die Beiträge zur Bundesanstalt für Arbeit entfallen. Gleichzeitig werden die Bruttolöhne der Beschäftigten gesetzlich um 3,25 Prozent angehoben, und auch die Arbeitgeberbeiträge zu den anderen Sozialversicherungsträgern werden ab Inkrafttreten der Reform an die Arbeitnehmer ausgezahlt. Auf der Leistungsseite entfallen schrittweise das Arbeitslosengeld, die Arbeitslosenhilfe, die übrigen Lohnersatzleistungen, die staatliche Arbeitsvermittlung sowie die Maßnahmen der aktiven Arbeitsmarktpolitik. Dem Einwand, diese Einschnitte seien radikal, weil es in allen entwickelten Staaten eine Arbeitslosenunterstützung gibt, ist entgegenzuhalten, daß viele Staaten keine Sozialhilfe kennen und die dortigen (restriktiven) Arbeitslosenversicherungen de facto die Funktion der deutschen Sozialhilfe übernehmen. Die Sozialhilfe soll aber nach dem hiesigen Vorschlag erhalten bleiben.

Alterssicherung: Hier wird ein Umlageverfahren mit fixiertem Beitragssatz vorgeschlagen, in dem die gesamte Wohnbevölkerung pflichtversichert ist. Die Beiträge werden vom Gesamteinkommen bis zu einer Beitragsbemessungsgrenze erhoben und individuell mit der Wachstumsrate der Lohnsumme verzinst. Im Fall von Ehegatten werden die Beiträge den Partnern je zur Hälfte gutgeschrieben, so daß die Hinterbliebenensicherung langfristig entfällt, im Übergang aber zunächst weiterbesteht. Das Alterssicherungssystem umfaßt auch Selbständige, Unternehmer und neu ernannte Beamte, doch verbleiben die bisherigen Beamten und Pensionäre in ihrer Rechtsposition. Auch für Angehörige berufsständischer Versorgungswerke gilt Vertrauensschutz. Private Altersvorsorge wird künftig vom Staat weder erzwungen noch subventioniert.

Kranken- und Pflegeversicherung: Die Pflegeversicherung wird bei gleichzeitigem Wegfall der Pflegestufe I in die Krankenversicherung integriert. Der Staat schreibt einen auf das medizinisch-ethisch Notwendige beschränkten Grundleistungskatalog nebst Kontrahierungszwang und Diskriminierungsverbot vor. Die gesamte Wohnbevölkerung hat sich im Umfang dieses Grundleistungskatalogs zu versichern, und zwar entweder bei einer öffentlichen Krankenkasse oder bei einer privaten Krankenversicherung, die sich insoweit diesen Regulierungen unterwirft. Alle Versicherten zahlen kassenspezifische Grundbeiträge, die nicht vom Einkommen, Geschlecht oder Gesundheitszustand abhängen und deren jeweilige Höhe wettbewerblich festgelegt wird. Die durchschnittliche Höhe der Grundbeiträge liegt anfangs bei 190 Euro monatlich für Erwachsene und 75 Euro für Kinder. Im Bereich des Grundleistungskatalogs wenden alle Anbieter das Umlageverfahren an; Belastungsdifferenzen, die sich durch unterschiedliche Gesundheitsrisiken ergeben, werden durch einen Risikostrukturausgleich bereinigt. Jenseits des obligatorischen Grundleistungskatalogs können alle Bürger nach eigenem Ermessen kapitalgedeckte Zusatzversicherungen abschließen und dafür risikoorientierte Prämien entrichten. Das Beihilfesystem der Beamten entfällt.

In *allen Teilsystemen* entfallen die Kinderkomponenten, also etwa Erziehungszeiten in der Rentenversicherung oder die beitragsfreie Mitversicherung von Kindern in der Krankenversicherung. Darüber hinaus wird das disparate Nebeneinander von Kinderfreibeträgen in der Einkommensteuer, Kindergeld, das von der Anzahl der Kinder abhängt, und Regelsätzen der Sozialhilfe, deren Höhe sich unter anderem nach dem Alter der Kinder bemißt, durch ein einheitliches Kindergeld in Höhe von 295 Euro monatlich abgelöst. Zieht man hiervon den oben erwähnten Krankenversicherungsbeitrag von 75 Euro ab, verbleibt ein Kindergeld nach heutigem Verständnis in Höhe von 220 Euro monatlich. Dieser Wert liegt erheblich über dem heutigen; er gleicht den Wegfall der Kinderkomponenten mehr als aus und löst ein wichtiges Anreizproblem, weil Arbeitnehmer bisher geringere monatliche Leistungen für ihre Kinder erhielten als Arbeitslose und Sozialhilfeempfänger. Da der Staat das Existenzminimum des Kindes über einen steuerfinanzierten Transfer sichert, sind steuerliche Kinderfreibeträge überflüssig und können entfallen.

Modellrechnungen zeigen, daß die Gesamtreform auch Familien mit geringem Einkommen nicht schlechter stellt, ganz im Gegenteil. Insgesamt lassen die vorgeschlagenen Schritte nicht nur ein Mehr an Systemhaftigkeit und Gerechtigkeit erwarten, sondern auch individuelle Wohlstandsgewinne für fast alle Bevölkerungsgruppen.

I Problemstellung und Intention

Die Reform der Sozialen Marktwirtschaft – sie ist eine komplexe Daueraufgabe mit hohem politischem Stellenwert, die entsprechende Aufmerksamkeit in den Medien erfährt. Freilich handelt es sich bei den Debatten und der Berichterstattung selten um einen gesamtwirtschaftlich rationalen Diskurs: Anstelle einer ganzheitlichen Perspektive, die sowohl die Beziehungen zwischen den sozialen Sicherungssystemen als auch deren Interdependenzen mit der Wirtschaftsordnung einbezieht, herrscht eine isolierende Betrachtungsweise vor, die auf punktuelle Finanzierungsengpässe in den Teilsystemen reagiert und diese mit oft kurzatmigen und unsystematischen Maßnahmen zu beheben sucht. Der Blick auf den übergeordneten Reformbedarf bleibt dabei versperrt.

Die *Gemeinschaftsinitiative Soziale Marktwirtschaft*, die von der Bertelsmann Stiftung, der Heinz Nixdorf Stiftung und der Ludwig-Erhard-Stiftung getragen wird, hat sich zum Ziel gesetzt, an die ordnungspolitischen Grundlagen der Sozialen Marktwirtschaft zu erinnern und ihnen in der öffentlichen Diskussion wieder verstärkt Geltung zu verschaffen. In einer ersten Phase der Kooperation der drei Stiftungen (1992–1997) wurde der Reformbedarf im Rahmen eines wissenschaftlichen Forschungsprojekts analysiert. Die in der zweiten Phase (1997–2000) gebildete *Reformkommission Soziale Marktwirtschaft* erarbeitete unter anderem Stellungnahmen zu verschiedenen Teilgebieten der sozialen Sicherung und trug diese in die Öffentlichkeit.

Das ambitionierteste Projekt, nämlich die Erarbeitung einer ganzheitlichen und quantitativ abgestützten Reform der sozialen Sicherung, bildete den Gegenstand der nunmehr abgeschlossenen dritten Kooperationsphase. Der vorliegende Bericht stellt die Ergebnisse dieses Projekts dar, an dem Mitarbeiter der Bertelsmann Stiftung und Wissenschaftler verschiedener Institutionen mitgewirkt haben.

* * *

Die deutsche Sozialpolitik steht fraglos vor großen Herausforderungen: Der demographische Wandel und die Auflösung familiärer Bindungen gefährden die Funktionsfähigkeit der umlagefinanzierten Sicherungssysteme für Alter, Krankheit und Pflege; im Gesundheitssektor steigen die Kosten aufgrund des medizinischen Fortschritts, aber auch wegen systemimmantenter Ineffizienzen, stetig an; Wachstumsschwäche und Arbeitslosigkeit belasten die öffentlichen Haushalte; und umgekehrt erhöht das wachsende Sozialbudget die Abgaben und beeinträchtigt damit Wachstum und Beschäftigung. Zudem läßt ein unübersichtlich gewordenes Transferdickicht, dessen Bezüge zu den ursprünglichen Sicherungszielen oft nur schwer erkennbar sind, Effizienz und Transparenz vermissen.

Die Komplexität des Systems der sozialen Sicherung macht es einer kurzfristig orientierten Politik schwer, nachhaltige Lösungen zu entwickeln und umzusetzen, also solche, die auf Dauer funktionieren. Die sozialpolitischen Reformen der letzten Jahre und Jahrzehnte haben sich auf Flickschusterei beschränkt – mit dem Ergebnis ständig zunehmender Regelungsdichte und ständig abnehmender Systemhaftigkeit. Zugleich setzt sich mehr und mehr die Erkenntnis durch, daß es einer Rückbesinnung auf die ordnungspolitischen Grundlagen der Sozialpolitik und einer ganzheitlichen Reform bedarf, wenn die Soziale Marktwirtschaft lebensfähig gehalten werden soll. Es fehlte freilich an einem schlüssigen Gesamtkonzept für eine derartige Reform. Ein solches zu entwickeln war das Ziel der drei Stiftungen. Der folgende Text stellt das Konzept vor.

* * *

Die Gliederung des Textes orientiert sich an den traditionellen Zweigen der Sozialversicherung, wobei allerdings zum einen die Sozialhilfe und die Arbeitslosenversicherung, zum anderen die Kranken- und Pflegeversicherung zusammengefaßt wurden. Damit verbleiben drei Teilsysteme, nämlich die *Sozialhilfe und Arbeitslosenversicherung,* die *Alterssicherung* und die *Kranken- und Pflegeversicherung.* Die Gründe für diese Zusammenfassung werden später klar. Vorangestellt wurde ein Kapitel mit dem Titel *Leitlinien der Reform.* Die dort dargelegten Leitlinien dienen als verbindliche Richtschnur für die einzelnen Reformelemente. Sie gewährleisten, daß die Reformen der Teilsysteme einer einheitlichen und für den Leser transparenten Philosophie folgen.

In den einzelnen Kapiteln werden nicht bloß „Leuchttürme" für die ferne Zukunft des Systems der sozialen Sicherung errichtet, sondern auch konkrete Übergangsregeln vorgeschlagen, die dem Gebot des Vertrauensschutzes Rechnung tragen. Als gemeinsames Datum für das Inkrafttreten der Reform wurde der 1. Januar 2005 unterstellt.

An die Musterung der drei Teilsysteme schließt sich eine *Finanzpolitische Begleitung* der Gesamtreform an, die aus zwei Gründen wichtig ist: Erstens verlangt die Herausnahme bestimmter Umverteilungselemente aus den Sozialversicherungen, daß hierfür im Steuer-Transfer-System Ersatz geschaffen wird. Zweitens beinhaltet nahezu jede Reform Lastverschiebungen zwischen den Sozialversicherungen und den Gebietskörperschaften, die auszugleichen sind, wenn der Reformvorschlag für alle Beteiligten akzeptabel sein soll.

Abschließend stellt das Kapitel *Quantifizierung der Reformwirkungen* die kurzfristigen und langfristigen Wirkungen der Reform dar. Während einige der geforderten Reformmaßnahmen schmerzlich erscheinen mögen, zeigen diese Modellrechnungen gewissermaßen den Ertrag der Anstrengungen. Darüber hinaus demonstrieren die empirischen Resultate eindringlich, daß grundlegende Änderungen unabweisbar sind und die heutigen Systeme nicht unverändert weitergeführt werden können.

Das Manuskript wurde im November 2003 abgeschlossen und bezieht sich, soweit nicht anders angegeben, auf den am 31.12.2003 geltenden Rechtsstand.

II Leitlinien der Reform

Um konkrete Vorschläge für die Gestaltung des sozialen Sicherungssystems zu entwickeln, ist es sinnvoll, zunächst gedanklich einen Schritt zurückzutreten und sich zu fragen, welchen Leitlinien eine solche Reform folgen könnte. Nur auf diese Weise wird sichergestellt, daß die Konzeptionen der verschiedenen Teilsysteme aufeinander abgestimmt sind und einer einheitlichen Philosophie folgen. Die Leitlinien müssen *vollständig* sein in dem Sinne, daß sie den Grundgedanken der Sozialen Marktwirtschaft hinreichend genau abbilden, *abstrakt* genug, um für alle Teilsysteme anwendbar zu sein, aber auch *konkret* genug, um als verbindliche Richtschnur dienen zu können.

Darüber hinaus müssen die Leitlinien mehr darstellen als einen beliebigen partikulären Standpunkt in einer von Verteilungskämpfen geprägten Debatte. Hierzu bedient sich die Theorie der Sozialpolitik eines Gedankenexperiments, indem sie fragt, wie Personen das soziale System gestalten würden, die ihre eigene gesellschaftliche Position nicht kennen, die also nicht wissen, ob sie reich oder arm sind, gesund oder krank. Indem die Personen hinter einem fiktiven Schleier der Ungewißheit (*veil of ignorance*) entscheiden, vertreten sie einen unparteiischen Standpunkt statt egoistischer Interessen. Der daraufhin geschlossene Gesellschaftsvertrag reflektiert nicht Partikularinteressen, sondern das allgemeine Gerechtigkeitsempfinden; er expliziert die Werturteile unseres Kulturkreises.

Normativ bindet der Gesellschaftsvertrag die Personen auch und erst recht, nachdem der Schleier der Ungewißheit gelüftet wurde und jeder seine eigene Position kennt: Ein ex ante vereinbartes Eigentumsrecht darf später nicht in Frage gestellt werden, und umgekehrt haben Bedürftige, denen ex ante Unterstützung zugesichert wurde, einen moralischen Anspruch hierauf, unabhängig davon, ob die nicht Bedürftigen ihn in Kenntnis ihrer überlegenen Position finanzieren wollen. Die folgenden Leitlinien fußen auf einer solchen *vertragstheoretischen Sicht der Sozialpolitik*.

1. Souveränität und Eigenverantwortung

Souveränität bedeutet das Recht des Individuums, seine Lebensumstände frei zu gestalten; Eigenverantwortung heißt, daß das Individuum auch die Folgen seines Handelns zu tragen hat. Zumindest in der abendländischen Kultur seit der Aufklärung ist klar, daß jedem Individuum größtmögliche Souveränität und Eigenverantwortung eingeräumt werden sollten – und zwar ungeachtet seiner gesellschaftlichen Position. Nicht nur der Reiche will frei entscheiden, welche Güter er kauft und ob er seine Wochen- oder Lebensarbeitszeit verringert, um mehr Muße zu haben; vielmehr gilt dasselbe auch für den Armen, der ebenfalls über die Verwendung seiner bescheidenen Mittel frei entscheiden möchte. Das hiermit formulierte Menschenbild ist die eigentliche Grundlage der Sozialen Marktwirtschaft und der offenen Gesellschaft. Es gebietet, Abstriche bei der individuellen Freiheit einschließlich des Eigentums auf das unabdingbare Maß zu beschränken.

2. Subsidiarität staatlichen Handelns

Hinter einem fiktiven Schleier der Ungewißheit würden sich wohl alle Individuen für eine Institution aussprechen, die persönliche Freiheit gegen Übergriffe anderer schützt, die öffentliche Güter bereitstellt und die jenen hilft, die nach Lüftung des *veil of ignorance* bedürftig sind. Diese Institution ist der Staat in seinen Teilfunktionen als Rechtsstaat, Leistungsstaat und Sozialstaat. Seine Rechtfertigung besteht darin, daß private Koordination in bestimmten Fällen versagt.

Diese Rechtfertigung der Staatstätigkeit darf indes nicht als Blankoscheck verstanden werden; sie gibt dem Staat nicht das Recht zu beliebigen Eingriffen. Vielmehr ist in jedem Einzelfall sorgfältig zu prüfen, ob marktwirtschaftlicher Wettbewerb und andere Formen privater Koordination tatsächlich und notwendig versagen. Der Staat darf nur subsidiär tätig werden, wenn dies der Fall ist, und jeder Eingriff muß nicht nur dem Grunde nach, sondern auch nach Art und Umfang gerechtfertigt sein, weil er die individuelle Freiheit beschneidet und daher der Forderung nach Souveränität und Eigenverantwortung widerspricht.

3. Verteilungsgerechtigkeit

Staatliche Umverteilungstätigkeit läßt sich mit der Fiktion des Schleiers der Ungewißheit wie folgt begründen: Wer vor Lüftung des Schleiers risikoscheu ist und seine künftige Position nicht kennt, also nicht weiß, ob er später zu den Bedürftigen gehören wird oder nicht, der wird sich grundsätzlich für die Existenz einer Versicherung aussprechen, die auch jene Risiken abdeckt, für die private Versicherungsunternehmen keine Verträge anbieten. Tatsächlich kann der Staat in seiner Funktion als Sozialstaat als eine subsidiäre Versicherung angesehen werden. Freilich nehmen die Bürger nach Lüftung des Schleiers oft entgegengesetzte Haltungen gegenüber dem Sozialstaat ein: Bedürftige fordern mehr Leistungen, während die Finanziers des Sozialstaats von dessen „Überborden" sprechen. Für eine unparteiische Beurteilung sind diese Attitüden ohne Belang, es kommt allein darauf an, ob sich Art und Ausmaß der Umverteilung vertragstheoretisch rechtfertigen lassen.

Verteilungsgerechtigkeit bedeutet nicht Gleichheit, denn eine egalitäre Verteilung würde individuelle Leistungsanreize zerstören und extreme staatliche Eingriffe in die Souveränität und Eigenverantwortung notwendig machen. Verständige Individuen, die über das Ausmaß der Umverteilung hinter einem Schleier der Ungewißheit beschließen, würden einer so weitgehenden Aufhebung von Souveränität und Eigenverantwortung gemäß der ersten Leitlinie nicht zustimmen und daher eine gewisse Ungleichheit akzeptieren.

Darüber hinaus muß der Staat entsprechend der zweiten Leitlinie nicht alle Risiken versichern, und er tut dies in der Praxis auch nicht. Beispiele wie die Hausratversicherung zeigen, daß die Übernahme von Risiken in vielen Fällen dem Markt überlassen werden kann. Staatliche Eingriffe können aber in zwei Fällen sinnvoll sein: erstens bei sogenannter adverser Selektion, wenn die Versicherten besser über ihre individuellen Risiken informiert sind als die Versicherer und deshalb nur schlechte Risiken einen Vertrag abschließen, zweitens bei nicht spezifizierbaren oder privat nicht tragbaren Risiken (man denke an Meteoriteneinschläge oder Kriege). Insofern beruht der Sozialstaat teilweise auf asymmetrischer Information, teilweise auf der Unvollständigkeit des Marktsystems, also auf der Unmöglichkeit, private Versicherungen für alle denkbaren künftigen Situationen abzuschließen.

4. Effektivität und Effizienz

Staatliches Handeln muß sich, sofern es überhaupt gerechtfertigt ist, an der Wirksamkeit in bezug auf das angestrebte Ziel orientieren (Effektivität), außerdem an der Wirtschaftlichkeit des Mitteleinsatzes (Effizienz). Daher sind die Eingriffsinstrumente so zu wählen, daß sie mög-

lichst geringe wirtschaftliche Beeinträchtigungen hervorrufen. Die so
verstandene Effizienz ist eine notwendige, aber keine hinreichende
Bedingung für Effektivität. Zudem ist es oft unmöglich, die schlechthin effizienteste (erstbeste) Lösung zu erreichen, weil Informations-
probleme dies verhindern. In diesem Fall wird sogenannte Zweit-
besteffizienz angestrebt.

5. Nachhaltigkeit und Stabilität

Unter Nachhaltigkeit versteht man die Fähigkeit eines Systems, bei
gegebenen Rahmenbedingungen – wie etwa der Lebenserwartung oder
der Geburtenrate – dauerhaft Bestand zu haben. Demgegenüber verlangt Stabilität, daß das System auch bei veränderten Rahmenbedingungen funktionstüchtig bleibt. Beide Forderungen sind, ebenso wie
die nachstehend genannten, wichtige Nebenziele der sozialpolitischen
Reform.

6. Rechts- und Planungssicherheit

Damit die Individuen souverän und eigenverantwortlich handeln können, muß möglichst weitgehende Rechts- und Planungssicherheit bestehen. Ohne diese entstehen vielfältige ungewollte Verteilungswirkungen, aber auch Effizienzeinbußen, weil sich private Entscheidungen –
etwa bezüglich ergänzender Vorsorge – im nachhinein als falsch erwei-
sen.

7. Transparenz

Schließlich ist die Transparenz des Sicherungssystems sowohl für den
Staat als auch für die Individuen von herausragender Bedeutung. Intransparenz steht einer effektiven, effizienten und subsidiären staatlichen Steuerung entgegen und macht souveränes eigenverantwortliches
Handeln nahezu unmöglich.

III Sozialhilfe und Arbeitslosenversicherung

Während die Sozialhilfe einen Schutz gegen sämtliche Lebensrisiken bietet und damit einen Eckpfeiler des sozialen Sicherungssystems darstellt, schützt die Arbeitslosenversicherung vor den finanziellen Folgen des spezifischen Risikos, als Arbeitnehmer beschäftigungslos zu sein. Dasselbe Risiko wird auch durch die Arbeitslosenhilfe abgesichert, die freilich keine Versicherung im engeren Sinn ist, weil sie durch Steuern finanziert und nur bei Bedürftigkeit gezahlt wird. Tatsächlich besteht zwischen allen drei genannten Teilsystemen ein enger Zusammenhang, weil die Sozialhilfe ebenfalls vor den materiellen Folgen der Beschäftigungslosigkeit schützt, sofern der Betroffene keine Lohnersatzleistungen – im wesentlichen Arbeitslosengeld und Arbeitslosenhilfe – erhält oder diese zur Bestreitung des Lebensunterhalts nicht ausreichen. Daher liegt es nahe, Sozialhilfe und Lohnersatzleistungen gemeinsam zu erörtern.

Im folgenden geht es zunächst um eine Konkretisierung der oben skizzierten Leitlinien für diesen Bereich der sozialen Sicherung. Hernach werden die Probleme des heutigen Systems analysiert und prinzipiell sinnvolle Gestaltungsmöglichkeiten aufgezeigt. Diese Überlegungen münden in einen konkreten Vorschlag für das langfristig anzustrebende System der Sozialhilfe und Arbeitslosenversicherung. Hinweise zur Umsetzung des Vorschlags beschließen das Kapitel.

1. Anwendung der Leitlinien

a) Souveränität und Eigenverantwortung verlangen eigene Anstrengungen der Bürger zur Vermeidung und Überwindung von Notlagen. Diese Prinzipien widersprechen einer Sozialhilfe, die unabhängig davon gewährt wird, ob eine Notlage selbst verschuldet war und ob der Betroffene an ihrer Überwindung aktiv mitwirkt. Auf der anderen Seite besteht ein breiter gesellschaftlicher Konsens, daß Personen, die unverschuldet in Not geraten und sich zumindest vorübergehend nicht selbst helfen können, Anspruch auf Unterstützung durch die Allgemeinheit haben.

Ein zentrales Problem der Sozialpolitik liegt nun darin, daß Eigenverschulden und Mitwirkungsbereitschaft aufgrund asymmetrischer Information nicht ohne weiteres feststellbar sind. Hieraus ergibt sich ein intrinsischer Konflikt zwischen der Leitlinie der Souveränität und Eigenverantwortung und dem Ziel der Sozialhilfe: Das soziale Netz birgt unvermeidlich die Gefahren unzureichender Vorsorge (*ex ante Verhaltensrisiko*) und mangelnder Mitwirkung bei der Überwindung von Notlagen (*ex post Verhaltensrisiko*). Diese Gefahren sind bei der konkreten Ausgestaltung der Sozialhilfe zu beachten.

Souveränität und Eigenverantwortung beinhalten auch, daß die Bürger selbst über den Umfang einer etwaig gewünschten Arbeitslosenversicherung entscheiden können. Dies gilt um so mehr bei einem Versicherungsumfang, der über das Niveau der Sozialhilfe hinausgeht. Je nach individueller und familiärer Situation ergeben sich ganz unterschiedliche Bedarfe nach einer solchen Versicherung. So stellt bereits der Familienverbund eine implizite Versicherung dar. Dasselbe gilt für die private Vermögensbildung, denn Ersparnisse schützen auch vor den finanziellen Folgen vorübergehender Arbeitslosigkeit. Schutz vor Arbeitslosigkeit ist deshalb nicht gleichbedeutend mit Existenz einer expliziten Versicherung.

b) Subsidiarität staatlichen Handelns steht im Widerspruch zu einer obligatorischen Arbeitslosenversicherung. Dies gilt entgegen einer verbreiteten Auffassung selbst bei Existenz einer Grundsicherung in Form der Sozialhilfe: Beiträge zu einer Arbeitslosenversicherung, die lediglich Leistungen in Höhe der Sozialhilfe gewährt, werden von den Beitragszahlern zu Recht als Steuern wahrgenommen und verursachen daher dieselben Verzerrungen und Ausweichreaktionen wie Steuern. Setzt man eine derartige Pflichtversicherung neben das allgemeine Steuer-Transfer-System, resultiert eine kostspielige institutionelle Dopplung, die keine ersichtlichen Vorteile hat.

c) Verteilungsgerechtigkeit: Die Funktion einer Sozialhilfe besteht darin, solche Risiken zu übernehmen, für die keine privaten Versicherungsverträge angeboten werden. Hierzu gehören insbesondere Behinderungen oder dauerhafte Krankheiten, die von Geburt an bestehen, aber auch das Aufwachsen in Armut oder sozialen Randbereichen. Man kann unterstellen, daß verständige Personen, die solche Risiken in Unkenntnis der eigenen Position beurteilen, deren Absicherung über einen Gesellschaftsvertrag befürworten. Die Vertragstheorie rechtfertigt eine vertikale Umverteilung von den durch Natur oder Umstände Begünstigten zu den Benachteiligten, und die Sozialhilfe ist ein zentrales Element dieser Umverteilung. Hierbei stellt sich die Frage, welches Sicherungsniveau die Personen hinter einem Schleier der Ungewißheit beschließen würden. Risikoscheue Entscheidungträger würden vermutlich ein Niveau wählen, das über dem physischen Existenzminimum liegt. Auf der anderen Seite müßten die Entscheider berücksichtigen, daß die Sozialhilfe bei asymmetrischer Information die oben beschriebenen Verhaltensrisiken auslöst. Daher käme eine vollständige Egalisierung der Einkommen als Alternative nicht in Betracht. Letztlich kann die Entscheidung über das Sicherungsniveau nur politisch getroffen werden, nicht wissenschaftlich, weil sie auf Werturteilen beruht.

Die Entscheidung über das Niveau der Sozialhilfe betrifft zudem nicht nur die vertikale Verteilungsgerechtigkeit, sondern ebenso die horizontale. Weil sich die Menschen nämlich nicht nur in ihrer Produktivität unterscheiden, sondern ebenso in ihrer Arbeitsneigung, belastet ein Steuer-Transfer-System unvermeidlich nicht nur hoch produktive Personen, sondern auch jene, die bei gleicher Produktivität eine höhere Arbeitsneigung haben. Hierin liegt eine Verletzung der horizontalen Verteilungsgerechtigkeit, die ebenfalls für eine Begrenzung der vertikalen Umverteilung spricht.

Im Hinblick auf die Arbeitslosenversicherung ist zunächst zu fragen, ob dieser Teil des Sicherungssystems überhaupt Verteilungsziele verfolgen sollte. Eine vertikale Einkommensumverteilung findet derzeit nicht statt, weil die Leistungen beitragsbezogen sind, und ist auch nicht angezeigt, weil mit dem allgemeinen Steuer-Transfer-System bereits ein geeignetes Instrument der vertikalen Umverteilung zur Verfügung steht. Allerdings verteilt die Arbeitslosenversicherung horizontal um, indem sie unterschiedliche Risiken durch Versicherungspflicht mit einheitlichem Beitragssatz poolt. Damit steigt, im Vergleich zur Marktlösung, das durchschnittliche Einkommen von Berufsgruppen mit hohem Risiko der Arbeitslosigkeit und umgekehrt, was dem Postulat horizontaler Verteilungsgerechtigkeit widerspricht. Die Arbeitslosenhilfe verletzt horizontale Verteilungsgerechtigkeit in besonders augenfälliger Weise, weil sie zwar alle Steuerzahler belastet, aber nur an frühere Mitglieder der Arbeitslosenversicherung leistet.

d) Effektivität und Effizienz: Bei asymmetrischer Information wird dieses Ziel durch jede Grundsicherung beeinträchtigt, die Verhaltensrisiken auslöst. Auf dem Arbeitsmarkt ergeben sich zunächst durch den Einkommenseffekt der Sozialhilfe negative Arbeitsanreize, sofern Freizeit ein normales Gut ist. Diese fallen um so stärker ins Gewicht, je höher das Niveau der Sozialhilfe aus verteilungspolitischen Gründen gewählt wird. Man könnte zwar meinen, daß hierin keine Verzerrung der Arbeitsangebotsentscheidung liegt, weil es sich um einen bloßen Einkommenseffekt handelt, doch würde man dabei verkennen, daß die Sozialhilfe durch verzerrende Steuern finanziert wird. Darüber hinaus löst die Sozialhilfe bei Anrechnung eigenen Einkommens auch selbst Verzerrungen aus, weil der Transferentzug wie eine Steuerzahlung wahrgenommen wird. Die Anrechnung eigenen Einkommens wiederum ist unvermeidlich, weil sonst alle Einwohner Transferempfänger wären. Zwischen dem Verteilungsziel und dem Effizienzziel besteht ein unauflöslicher Konflikt, der auch durch eine noch so kluge Gestaltung des Steuer-Transfer-Tarifs nicht behoben werden kann.

Leistungen der Arbeitslosenversicherung verstärken die genannten negativen Anreizeffekte, sofern sie über dem Niveau der Sozialhilfe liegen. Umgekehrt könnte eine Versicherungspflicht in diesem Bereich positive Effizienzwirkungen haben, wenn ein Marktversagen vorliegt. In Betracht kommt zunächst adverse Selektion, die bei heterogenen Arbeitsmarktrisiken und asymmetrischer Information auftreten kann. Das Risiko, arbeitslos zu werden, hängt in erheblichem Maße von Faktoren wie der Berufsgruppe, der Vorgeschichte oder dem Bildungsstand ab. Diese Faktoren sind jedoch nicht private Information, sondern aufgrund der Arbeitsmarktforschung allgemein bekannt und könnten daher von privaten Versicherungsunternehmen bei der Prämiengestaltung berücksichtigt werden. Folglich scheidet adverse Selektion – die eben nicht bloß unvollständige, sondern asymmetrische Information voraussetzt – als mögliche Begründung für eine Versicherungspflicht aus.

Als zweiter Grund, warum private Versicherungen gegen Arbeitslosigkeit nicht zustande kommen, werden häufig Verhaltensrisiken genannt. Zweifellos erhöht die Existenz einer Versicherung gegen Arbeitslosigkeit das Risiko, arbeitslos zu werden, weil dieses Risiko in erheblichem Umfang vom Versicherten beeinflußbar ist. Ein kostendeckend arbeitender Versicherer muß Verhaltensrisiken bei der Prämienkalkulation berücksichtigen und entsprechende Aufschläge fordern. Potentielle Versicherungsnehmer wiederum, die überlegen, ob sie sich gegen das Risiko der Arbeitslosigkeit versichern sollen, werden Aufschläge und Risikominderung gegeneinander abwägen. Verzichten sie auf einen Vertrag, weil die Aufschläge den Vorteil der Risikominderung überwiegen, ist diese Entscheidung gesamtwirtschaftlich effizient und kein Marktversagen. Eine Versicherungspflicht erzwingt in diesem Fall den Abschluß ineffizienter Verträge, so daß die Zwangsversicherten selbst aktuarisch faire Prämien zum Teil als Steuern empfinden und entsprechend auszuweichen versuchen.

Noch gravierendere Ineffizienzen entstehen, wenn der Staat seinen Eingriff nicht auf einen Versicherungszwang beschränkt, sondern selbst eine monopolistische Zwangsversicherung betreibt, denn aufgrund der unterschiedlichen Anreizstrukturen privater Unternehmen und staatlicher Behörden nimmt das Verhaltensrisiko hierbei aller Voraussicht nach zu: Da Beamte dem Verhaltensrisiko nur unzureichend entgegenwirken, sind die Prämien so hoch, daß sie teilweise als Steuern wahrgenommen werden.

Die Beobachtung, daß private Versicherungen gegen Arbeitslosigkeit weltweit nicht angeboten werden, spricht eindeutig dafür, daß die negativen Anreizwirkungen einer solchen Versicherung den Vorteil durch Risikominderung überwiegen. Insofern ist eine obligatorische Arbeitslosenversicherung nicht effizient. Durch ihre Abschaffung könnten prinzipiell alle Arbeitnehmer bessergestellt werden. Wird die Zwangsversicherung aufrechterhalten, bleibt auch die durch Verhaltensrisiken bedingte Arbeitslosigkeit bestehen.

Im Gegensatz zu Arbeitnehmern sind Unternehmer nicht verpflichtet, sich gegen das Risiko geschäftlichen Mißerfolgs zu versichern, und sie tun dies auch nicht. Der Grund für die Nichtexistenz solcher Versicherungen ist klar: Er besteht darin, daß bei einem Konkurs nur schwer nachweisbar ist, ob dieser verhaltensbedingt oder unvermeidlich war. Versicherungen wären daher sehr teuer, weil die Prämien auch verhaltensbedingte Konkursschäden decken müßten. Die insofern bestehende Ungleichbehandlung von Arbeitnehmern und Unternehmern verzerrt individuelle Entscheidungen zugunsten der Tätigkeit als Unternehmer, weil nur Arbeitnehmer zur Zahlung ineffizienter Prämien gezwungen werden. Dies mag ein Aspekt der Debatte um Scheinselbständige sein.

e) Nachhaltigkeit und Stabilität erfordern die Bereitschaft aller Generationen, Sozialhilfe und Arbeitslosenversicherung durch Steuern und Beiträge zu finanzieren. Weil intergenerative Umverteilung, anders als bei der Rentenversicherung, keine prägende Eigenschaft dieser Teilsysteme ist, erscheint das Nachhaltigkeitsziel wenig problematisch. Anders verhält es sich mit der Stabilität, die eine ständige Anpassung von Sozialhilfe und Arbeitslosenversicherung an veränderte Rahmenbedingungen verlangt.

Zu den veränderten Rahmenbedingungen gehört vor allem die demographische Entwicklung. Sie erhöht tendenziell die Steuer- und Abga-
bensätze, wodurch auch die durch intragenerative Umverteilung er-
zeugten Verzerrungen wachsen. Selbst wenn das gegenwärtige Niveau
der Sozialhilfe oder der Arbeitslosenversicherung in den 1980er Jahren
optimal gewesen wäre, muß dies unter den heutigen und erst recht
unter den künftigen Bedingungen nicht mehr so sein. Tendenziell erfordert die Alterung der Gesellschaft eine Senkung der Leistungsniveaus, mindestens aber einen verlangsamten Anstieg. Auch die zunehmende internationale Mobilität der Arbeitskräfte erzeugt einen Anpas-
sungsdruck in diese Richtung.

f) Rechts- und Planungssicherheit sind im Bereich der Sozialhilfe zweitran-
gig. Bei der Arbeitslosenversicherung spielen sie eine gewisse Rolle,
weil die Leistungen auf früheren Beiträgen beruhen. Im Gegensatz zur
Rentenversicherung zielt die Arbeitslosenversicherung aber nicht auf
einen intertemporalen Ausgleich ab, sondern funktioniert eher wie eine
Sachversicherung. Gezahlte Beiträge begründen deshalb ebensowenig
einen schutzwürdigen Besitzstand wie (vergeblich) gezahlte Prämien
für eine Hausratversicherung.

g) Transparenz verlangt nach klarer Trennung zwischen Umverteilung
durch das Steuer-Transfer-System und Umverteilung durch Systeme
mit anderen Aufgaben. Eine steuerfinanzierte Arbeitslosenhilfe, auf die
nur Mitglieder der Arbeitslosenversicherung Anspruch haben, ver-
mischt beide Bereiche in unzulässiger Weise und hat in einem transparenten System nichts zu suchen.

* * *

Zwischen den Leitlinien bestehen verschiedene *Zielkonflikte.* Der wichtigste ist, daß die Sozialhilfe bei gegebener Transferentzugsquote um so
höhere Fehlanreize auslöst, je höher der Sockelbetrag gewählt wird.
Das Effizienzziel spricht deshalb für einen niedrigen Sockelbetrag,
aber eine Senkung der Sozialhilfe widerspricht dem Verteilungsziel,
zumal sie zum Teil auch Kinder trifft, bei denen Effizienzüberlegungen
keine Rolle spielen. Im Rahmen einer Arbeitslosenversicherung mit
beitragsbezogenen Leistungen gibt es keinen Konflikt zwischen Effizienz und Verteilung, weil vertikale Umverteilung hier gar nicht beabsichtigt ist.

2. Probleme des heutigen Systems

In diesem Abschnitt wird zunächst gezeigt, inwieweit die Sozialhilfe, das Arbeitslosengeld und die Arbeitslosenhilfe von den oben konkretisierten Leitlinien abweichen. Anschließend werden die Schnittstellen dieser Systeme mit den übrigen Systemen der sozialen Sicherung diskutiert.

2.1 Sozialhilfe

Die vorrangige Aufgabe der Sozialhilfe besteht nach § 1 Abs. 2 des Bundessozialhilfegesetzes (BSHG) darin, „dem Empfänger der Hilfe die Führung eines Lebens zu ermöglichen, das der Würde des Menschen entspricht". Sozialhilfe erhält, wer nicht in der Lage ist, aus eigenen Kräften oder durch Hilfe von Verwandten in gerader Linie seinen Lebensunterhalt zu bestreiten. Dabei gilt das Nachrangigkeitsprinzip, wonach Sozialhilfe nur gezahlt wird, wenn keine oder nur unzureichende Ansprüche aus den übrigen Systemen der sozialen Sicherung bestehen.

Die Sozialhilfe ist gegliedert in *laufende Hilfe zum Lebensunterhalt* und in *Hilfe in besonderen Lebenslagen*, wobei die letztere vor allem Unterbringungskosten für Pflegebedürftige und Eingliederungshilfen für Behinderte umfaßt. Diese Empfänger sind regelmäßig als erwerbsunfähig einzustufen. Die folgende Erörterung konzentriert sich auf die laufende Hilfe zum Lebensunterhalt (Sozialhilfe im engeren Sinn), weil sie potentielle Fehlanreize beim Arbeitsangebot induziert.

a) Umfang der Sozialhilfe: Die laufende Hilfe zum Lebensunterhalt wird auf Grundlage des sozialhilferechtlichen Bedarfs einer *Bedarfsgemeinschaft* ermittelt. Zu dieser Gemeinschaft zählen insbesondere im Haushalt lebende Ehegatten, Elternteile und minderjährige Kinder. Der sozialhilferechtliche Bedarf umfaßt Ernährung, Unterkunft, Kleidung, Körperpflege, Hausrat, Heizung und persönliche Bedürfnisse des täglichen Lebens, wozu „in vertretbarem Umfange auch Beziehungen zur Umwelt und eine Teilnahme am kulturellen Leben" gehören (§ 12 Abs. 1 BSHG). Nach geltendem Recht umfaßt der Bedarf also nicht nur das physische Existenzminimum, sondern er ermöglicht darüber hinaus eine Teilnahme am sozio-kulturellen Leben. Übersteigt der Bedarf die *anrechenbaren Eigenmittel* der Bedarfsgemeinschaft, zu denen grundsätzlich alle Einkommen einschließlich vorrangiger staatlicher Transfers sowie das Vermögen der Bedarfsgemeinschaft gehören, erhält der Hilfeempfänger den Differenzbetrag. Manche Einkommen wie etwa das

Erziehungsgeld oder Zuwendungen Dritter ohne rechtliche Verpflichtung werden allerdings nicht angerechnet; dasselbe gilt für selbstgenutzte Immobilien und andere Vermögen, die der Altersvorsorge dienen, sofern sich ihr Umfang in angemessenen Grenzen hält.

	Eck-regelsatz	Kinder unter 7 Jahre (rechts Alleinerziehende)	Kinder 7 bis 13 Jahre	Kinder 14 bis 17 Jahre	Personen ab 18 Jahre
Alte Länder	292	146	161	190	263	234
Neue Länder	282	141	155	183	254	226

Tab. 1: Regelsätze für die Hilfe zum Lebensunterhalt [Euro]

Administrativ wird der Bedarf pauschaliert: Er besteht aus *Regelsätzen* für die Mitglieder der Bedarfsgemeinschaft, Aufwendungen für Kaltmiete und Heizkosten, sofern diese nicht unangemessen sind, und gegebenenfalls Mehrbedarfszuschlägen (§§ 22, 23 BSHG). Die Regelsätze werden von den Ländern festgelegt. Tab. 1 zeigt die am 1. Juli 2002 geltenden durchschnittlichen Regelsätze für Haushaltsvorstände (*Eckregelsätze*) und für Haushaltsangehörige, unterschieden nach Regionen.

Typ	Kinder	Anteil in Prozent	Bedarf	Angerechnetes Einkommen	Zahlbetrag
Alleinstehende	-	42,9	587	254	333
Ehepaare	0	7,2	915	495	420
	1	3,6	1.143	658	485
	2	3,2	1.374	868	506
	3 und mehr	2,8	1.800	1.218	581
Alleinerziehende	1	13,3	972	532	439
	2	7,5	1.254	762	483
	3 und mehr	3,4	1.611	1.047	564

Tab. 2: Bedarf, Einkommen und Sozialhilfe [Euro]

Tab. 2 zeigt durchschnittliche Monatsbedarfe (Regelsätze zuzüglich Unterkunftskosten und Mehrbedarfszuschläge) verschiedener Typen von Bedarfsgemeinschaften im Jahre 2000 und deren Verteilung. Die Zahlen in der Spalte „Angerechnetes Einkommen" stellen empirische Durchschnittswerte dar. Wegen der Anrechnung liegen die in der letzten Spalte dargestellten Zahlbeträge regelmäßig unter den Monatsbedarfen.

Zusätzlich zum pauschalierten Monatsbedarf können die Gemeinden als zuständige Verwaltungsbehörden *einmalige Bedarfe* berücksichtigen, zu denen etwa Renovierungskosten, Weihnachtsgeschenke, Anschaffungen von Möbeln und anderem Hausrat sowie weitere Sach- und Beratungsleistungen gehören. Die Handhabung ist von Gemeinde zu Gemeinde verschieden, weil es sich beim „einmaligen Bedarf" um einen unbestimmten Rechtsbegriff handelt. Diese Regelung soll zwar Einzelfallgerechtigkeit herstellen, ist aber administrativ aufwendig und beinhaltet die Gefahr positiver oder negativer Diskriminierungen, die dem Gerechtigkeitsziel widersprechen.

Anders als die Arbeitslosenhilfe setzt die Sozialhilfe keine Vorleistung voraus, doch wird die Mitwirkung des Hilfeempfängers gefordert (§ 1 Abs. 2 BSHG), der auch zum Einsatz seiner Arbeitskraft verpflichtet ist (§ 18 Abs. 1 BSHG). Ein Verstoß gegen die Mitwirkungspflicht kann mit einer Kürzung der Sozialhilfe geahndet werden, ist aber im allgemeinen nur schwer nachweisbar. Aufgrund des nicht unbeträchtlichen Umfangs der Sozialhilfe bestehen erhebliche Verhaltensrisiken, was aber nicht zwangsläufig eine Kürzung nahelegt, weil das Unterstützungsniveau verteilungspolitisch gewollt sein kann.

b) Ausgaben und Zahl der Empfänger. Der Anteil der Sozialhilfeausgaben am gesamten Sozialbudget lag im Jahre 2000 bei 3,8 Prozent. Rund drei Prozent der Haushalte in Deutschland erhielten Sozialhilfe, wobei Alleinerziehende und Personen mit geringer beruflicher Qualifikation deutlich überrepräsentiert waren. Freilich erhielt ein erheblicher Teil der Empfänger auch andere Leistungen und bestritt nicht den gesamten Unterhalt durch Sozialhilfe.

Laufende Hilfe zum Lebensunterhalt erhielten im Jahre 2000 rund 2,7 Millionen Personen in 1,4 Millionen Privathaushalten. Die Zahl der Empfänger hat sich während der letzten 20 Jahre ungefähr verdoppelt, was zum Teil auf die Zunahme der Arbeitslosigkeit zurückzuführen ist, aber auch auf eine Erweiterung des Kreises der Anspruchsberechtigten. Insbesondere wurden die Regelsätze für Alleinerziehende und deren Kinder erhöht, und die Zahl der Alleinerziehenden nahm stark zu. Demgegenüber ist die Sozialhilfequote bei der Altenbevölkerung deutlich gesunken.

c) Arbeitskräftepotential der Hilfeempfänger. Vor dem Hintergrund der Diskussion um die Eingliederung erwerbsfähiger Empfänger von Sozialhilfe in den ersten Arbeitsmarkt stellt sich die Frage, welcher Anteil der Hilfeempfänger überhaupt für den ersten Arbeitsmarkt zur Verfügung steht. Die Ermittlung dieses sogenannten Nettoarbeitskräftepotentials stellt Tab. 3 dar.

Von der Zahl der erwachsenen Personen unter 60 Jahren wird zunächst die Zahl jener Personen abgezogen, die durch Krankheit, Behinderung, Erwerbsunfähigkeit oder häusliche Bindung an einer Erwerbstätigkeit gehindert ist. Das Nettoarbeitskräftepotential ergibt sich hieraus durch weiteren Abzug derjenigen, die bereits erwerbstätig oder in Aus- und Fortbildung tätig sind. Es verbleiben rund 60 Prozent der Personen unter 60 Jahre; von diesen waren drei Viertel arbeitslos gemeldet und ein Viertel aus anderen Gründen nicht erwerbstätig. Für die Nichterwerbstätigkeit kommen zwei Gründe in Betracht: Entweder reichen die individuellen Arbeitsanreize nicht aus (individuelles Verhaltensrisiko) oder es werden aufgrund nicht marktgerechter Löhne zu wenig Stellen angeboten (kollektives Verhaltensrisiko).

	Anzahl	Anteil in Prozent
Hilfeempfänger 18 bis 59 Jahre	1.382.770	100
./. Häusliche Bindung	267.500	19,3
./. Krankheit, Behinderung u. ä.	121.285	8,8
Bruttoarbeitskräftepotential	*993.985*	*71,9*
./. Vollerwerbstätig	54.974	4,0
./. Teilerwerbstätig	85.366	6,2
./. In Aus- oder Fortbildung	51.406	3,7
Nettoarbeitskräftepotential	*802.239*	*58,0*
Arbeitslos mit Lohnersatzleistung	218.992	15,8
Arbeitslos ohne Lohnersatzleistung	388.503	28,1
Nicht erwerbstätig aus anderen Gründen	194.744	14,1

Tab. 3: Ermittlung des Nettoarbeitskräftepotentials

Die Weigerung zur Annahme einer Arbeit kann nach geltendem Recht geahndet werden, doch ist dies bei im Haushalt lebenden Kindern nur begrenzt möglich. Rund 40 Prozent der erwerbsfähigen Hilfeempfänger leben in Haushalten mit Kindern. Eine Senkung der Unterstützung wäre bei diesen Haushalten problematisch, weil sie eventuell die Kinder trifft.

d) Lohnabstandsgebot: Nach § 22 BSHG sind die Regelsätze der Sozialhilfe so zu bemessen, daß bei einer Familie mit drei Kindern noch hinreichend Abstand zum Lohn eines vergleichbaren Arbeitnehmerhaushalts besteht. Damit soll der Anreiz zur Aufnahme einer Arbeit gesichert werden. Für diesen Anreiz ist aber der Lohnabstand, der für sich genommen nur einen negativen Einkommenseffekt auslöst, nicht ausschlaggebend; vielmehr kommt es entscheidend auf die Art der Einkommensanrechnung bei geringem Nebenverdienst an, die Transferentzugsquote.

Das Verhältnis von Arbeitseinkommen und Sozialhilfeniveau ist wiederholt empirisch überprüft worden. Zum Vergleich wurden untere Tarifgruppen oder Hilfsarbeiterlöhne herangezogen, weil die meisten Sozialhilfeempfänger in diesen Arbeitsmarktsegmenten tätig sind. Eine Studie der Deutschen Bundesbank kommt zum Ergebnis, daß die Löhne für Vollzeitstellen in den unteren Lohngruppen der Metallindustrie 38 Prozent über dem Sozialhilfeniveau für Alleinstehende liegen, beim Gastronomie- und Gaststättengewerbe um 20 Prozent. Im Fall Verheirateter liegen die Löhne unterhalb des Sozialhilfeniveaus, sofern hypothetisch kein Antrag auf ergänzende Sozialhilfe gestellt wird, und zwar um 7 Prozent in der Metallindustrie und um 26 Prozent im Gastronomie- und Gaststättengewerbe. Zieht man statt der unteren Lohngruppen durchschnittliche Verdienste heran, liegen die Löhne zwar durchweg über dem Sozialhilfeniveau, nehmen aber mit der Anzahl der im Haushalt lebenden Kinder ab. So beträgt die Differenz für Ehepaare mit zwei Kindern rund 20 Prozent und für Ehepaare mit drei Kindern rund 15 Prozent. Alle Studien klammern legale Nebenverdienste aus. Berücksichtigt man diese, werden die Abstände zwischen Sozialhilfe mit angerechnetem Nebenverdienst einerseits und regulärem Lohneinkommen andererseits noch geringer. Die mit steigender Kinderzahl abnehmende Differenz beruht darauf, daß die Regelsätze für ältere Kinder über dem Niveau des Kindergeldes liegen. Eine Übereinstimmung von Regelsätzen für Kinder und Kindergeld würde dieses Problem ausräumen.

Insgesamt bewirkt das Niveau der Sozialhilfe in Verbindung mit den Anrechnungsbestimmungen, daß viele Stellen für niedrig qualifizierte Arbeit unbesetzt bleiben; die unteren Lohngruppen werden gewissermaßen entleert. Aus dieser Sicht ist es kein Zufall, daß niedrig Qualifizierte der Sozialhilfe überproportional anheimfallen.

e) Transferentzugsquote: Der Anreiz, eine Beschäftigung aufzunehmen, hängt in erster Linie vom damit erzielbaren zusätzlichen Nettoeinkommen ab. Weil sich die Sozialhilfe am Bedarf eines Haushalts orientiert, führen eigenes Einkommen und Vermögen zu einer Kürzung. Diese Anrechnung wird im folgenden erörtert.

Erwerbstätige Hilfeempfänger erhalten einen Freibetrag in angemessener Höhe (§ 76 BSHG), der aus einem Basisbetrag und einem Steigerungsbetrag besteht. Der Basisbetrag liegt im Normalfall bei einem Viertel des Regelsatzes, also bei rund 73 Euro monatlich im Jahre 2003. Bei Nebenverdiensten bis zu dieser Höhe wird die Sozialhilfe nicht gekürzt. Arbeitseinkommen, die den Basisbetrag übersteigen, bewirken zunächst eine Kürzung der Sozialhilfe um 85 Prozent des übersteigenden Betrags (Transferentzugsquote). Das verfügbare Einkommen steigt dabei also um 15 Prozent des Nebenverdienstes, doch werden Nebenverdienste von mehr als 50 Prozent des Regelsatzes, rund 146 Euro monatlich, voll auf die Sozialhilfe angerechnet. In diesem Bereich beträgt die Transferentzugsquote also 100 Prozent.

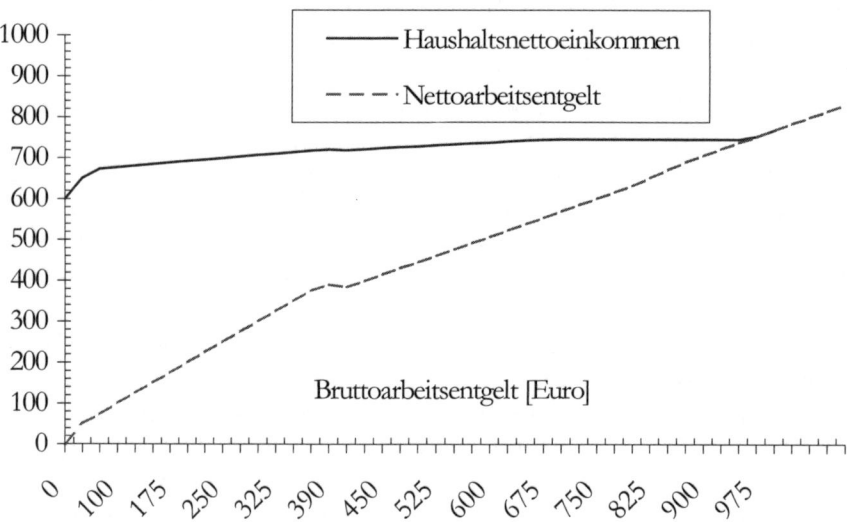

Abb. 1: Nettoeinkommen Alleinstehender nach geltendem Recht

Abb. 1 skizziert den Verlauf von Nettoarbeitsentgelt und gesamtem Nettoeinkommen eines alleinstehenden Sozialhilfeempfängers in Abhängigkeit vom Bruttoarbeitsentgelt (ohne Arbeitgeberbeitrag zur Sozialversicherung). Die Abbildung beruht auf einem angenommenen

Bedarf von 600 Euro monatlich. Sie berücksichtigt, daß Arbeitsentgelte bis 400 Euro sozialversicherungsfrei sind und im Bereich bis 800 Euro ermäßigten Beitragssätzen der Sozialversicherung unterliegen. Offenbar haben eigene Erwerbsanstrengungen erst ab einem Bruttoarbeitsentgelt von annähernd 1.000 Euro merklichen Einfluß auf den Lebensstandard.

Entscheidend für den Arbeitsanreiz ist die *effektive Grenzbelastung*, die sich aus Beitragssatz zur Sozialversicherung, Grenzsteuersatz und Transferentzugsquote zusammensetzt. Wie Abb. 2 zeigt, beträgt die effektive Grenzbelastung anfangs Null und steigt auf 85 Prozent, solange weder Einkommensteuer noch Sozialversicherungsbeiträge zu entrichten sind. Nach Einsetzen der Steuer- und Sozialversicherungspflicht liegt die effektive Grenzbelastung zwischen 91 und 100 Prozent und sinkt bei Wegfall des Sozialhilfeanspruchs auf 38 Prozent. Man beachte, daß der Arbeitnehmerbeitrag zur Sozialversicherung bis zu einem Verdienst von 400 Euro wegfällt und die Belastung anschließend auf 20 Prozent bei einem Einkommen von 800 Euro steigt. Deshalb beträgt die Grenzbelastung allein durch Sozialversicherungsbeiträge im Bereich zwischen 400 und 800 Euro 40 Prozent, um anschließend auf 20 Prozent zu fallen. Die Ausbuchtung der Kurve „Steuern und Sozialabgaben" beruht hierauf, weil ab einem Einkommen von rund 850 Euro die Steuerpflicht einsetzt.

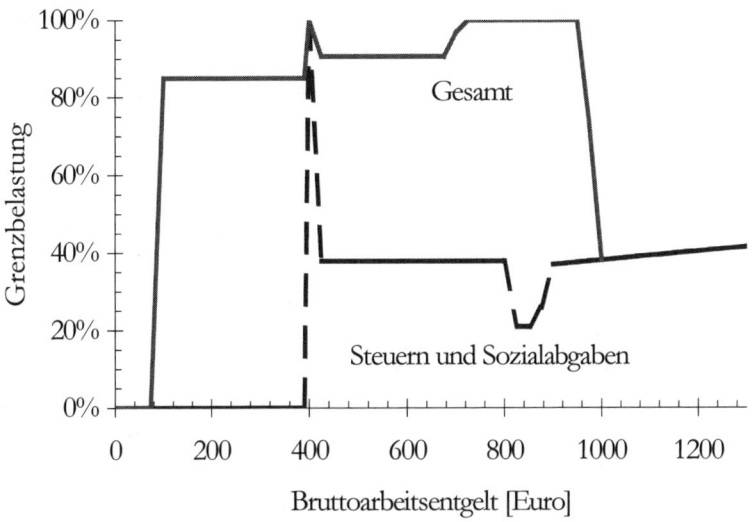

Abb. 2: Grenzbelastung Alleinstehender nach geltendem Recht

Schon ein alleinstehender Hilfeempfänger hat nach geltendem Recht
nur denkbar geringe Anreize, seinen Lebensunterhalt durch eigene
Arbeit zu bestreiten: Bei Aufnahme einer geringfügigen Beschäftigung
mit 50 Stunden Umfang und acht Euro Stundenlohn steigt sein verfügbares Einkommen von 600 auf 722 Euro (600 plus 73 plus 15 Prozent von 327), was einem effektiven Stundenlohn von 2,44 Euro
gleichkommt. Eine Ausweitung der monatlichen Arbeitszeit von 50 auf
120 Stunden würde das verfügbare Einkommen sogar nur um 24 Euro
erhöhen, also um 34 Cent je zusätzliche Arbeitsstunde. Diese Tatsa-
chen scheinen eine Senkung der Transferentzugsquote nahezulegen,
aber ohne gleichzeitige Minderung des Sockelbetrags würden hierdurch
erhebliche zusätzliche Bevölkerungsteile einen Sozialhilfeanspruch
erhalten.

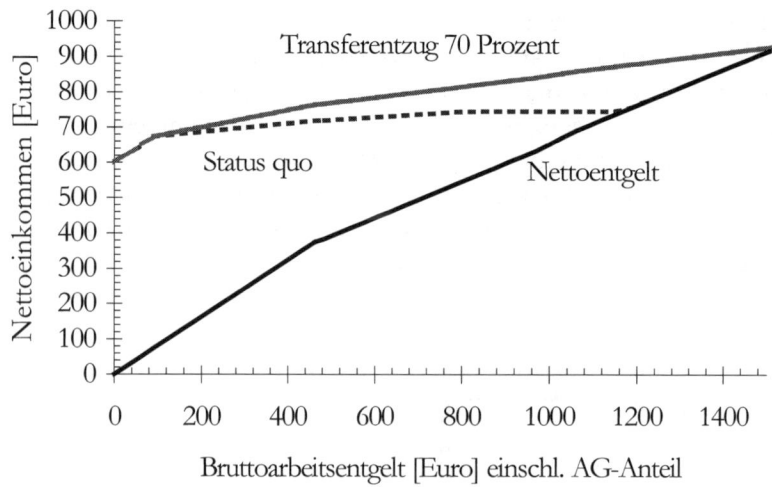

Abb. 3: Senkung der Transferentzugsquote auf 70 Prozent

Abb. 3 illustriert die Ausweitung des Kreises der Anspruchsberechtigten bei einer Senkung der Transferentzugsquote von 85 auf 70 Prozent. Das höchste Nettoarbeitsentgelt, zu dem noch ein Sozialhilfeanspruch besteht (*Sozialhilfegrenze*), nimmt durch die Minderung der
Transferentzugsquote mechanisch um 25 Prozent zu, und aus der Ein-
kommens- und Verbrauchsstichprobe 1998 ergibt sich, daß die Zahl
der Sozialhilfeberechtigten auf das Doppelte steigt. Folglich verbessert
eine solche Reform zwar die Arbeitsanreize im untersten Einkommensbereich, doch verschlechtert sie zugleich die Arbeitsanreize der

Schwellenhaushalte. Darüber hinaus bläht die Reform das Sozialbudget erheblich auf und macht damit eine Anhebung der Grenzsteuersätze erforderlich, die ihrerseits negative Anreizeffekte hat.

Ob eine Minderung der Transferentzugsquote auf 70 Prozent – die wegen Steuern und Sozialabgaben einer effektiven Grenzbelastung zwischen 70 und 81 Prozent gleichkommt – die Arbeitsanreize der Sozialhilfeempfänger insgesamt verbessert, muß also bezweifelt werden. Der entscheidende Punkt liegt aber darin, daß jede Senkung der Transferentzugsquote bei unverändertem Sockelbetrag das Sozialbudget aufbläht und damit, wegen der staatlichen Budgetbeschränkung, Steuererhöhungen bedingt, die stärkere Fehlanreize in anderen Einkommenssegmenten auslösen. Unter Effizienzaspekten ist daher nur eine gleichzeitige Senkung von Transferentzugsquote und Sockelbetrag zielführend; diese steht aber in Konflikt zur verteilungspolitischen Zielsetzung der Sozialhilfe.

f) Kollektive Verhaltensrisiken: Eine Diskussion des Abstands zwischen Arbeitslohn und Sozialhilfe muß berücksichtigen, daß die Lohnhöhe nicht gegeben ist, sondern ihrerseits von der Sozialhilfe beeinflußt wird. Regelsätze und Anrechnungsbestimmungen der Sozialhilfe determinieren gemeinsam *Anspruchslöhne,* die mindestens gezahlt werden müssen, damit Hilfeempfänger freiwillig arbeiten. Die Anspruchslöhne sind individuell verschieden und hängen unter anderem von der familiären Situation und den Präferenzen ab. Insbesondere bei kollektiven Lohnverhandlungen ist damit zu rechnen, daß die Sozialhilfe den gewerkschaftlichen „Drohpunkt" beeinflußt; sie entspricht dem potentiellen Einkommen, das gewerkschaftlich organisierte Arbeitnehmer bei Scheitern der Tarifverhandlungen oder bei Wegfall von Arbeitsplätzen infolge überhöhter Löhne erhalten; ähnliches gilt allerdings auch für individuelle Lohnverhandlungen. Folglich erzeugt die Sozialhilfe eine aus individueller Sicht unfreiwillige Arbeitslosigkeit: Wessen Produktivität unterhalb des Sozialhilfeniveaus liegt, der findet keine Beschäftigung, wenn die kollektiv vereinbarten Löhne das Sozialhilfeniveau übersteigen. Dieser Umstand erklärt zugleich, warum vornehmlich gering qualifizierte Personen oder solche, deren Produktivität aus anderen Gründen gering ist, von Arbeitslosigkeit betroffen sind. Die vergleichsweise hohe Arbeitslosenquote gering Qualifizierter ist kein Naturgesetz – weil der Produktivität angepaßte Löhne auch in diesem Bereich für Vollbeschäftigung sorgen –, sondern Folge der Sozialhilfe.

Zieht man eine Gesamtbilanz der Sozialhilfe, wird deutlich, daß deren Probleme zum Teil intrinsischer Natur sind, weil in diesem Bereich ein

besonders ausgeprägter und fundamentaler Konflikt zwischen den
Leitlinien der Effizienz und der Verteilungsgerechtigkeit besteht. Eine
allgemeine Kürzung der Regelsätze hätte zwar positive Beschäfti-
gungswirkungen, würde aber auch Erwerbsunfähige treffen. Hingegen
wirft eine selektive Kürzung, die nur Erwerbsfähige trifft, zwar Fragen
der Praktikabilität auf, weil sich Erwerbsfähigkeit nur unvollkommen
feststellen läßt und von den Betroffenen beeinflußt werden kann, doch
könnte sie den Konflikt zwischen Effizienz- und Verteilungszielen
entschärfen.

2.2 Lohnersatzleistungen

a) Kreis der Versicherten: Die Arbeitslosenversicherung ist eine Pflichtversicherung mit zahlreichen Ausnahmen. Grundsätzlich besteht Versicherungspflicht für Arbeitnehmer mit einer wöchentlichen Arbeitszeit
von mehr als 15 Stunden, wobei allerdings große Personengruppen –
vor allem Beamte, Selbständige, unregelmäßig oder geringfügig Beschäftigte – ausgenommen sind. Unter die Versicherungspflicht fallen
auch Angestellte und Arbeiter im öffentlichen Dienst, obwohl deren
Risiko, arbeitslos zu werden, vernachlässigbar ist. Somit widerspricht
bereits die Abgrenzung des Kreises der Versicherten dem Prinzip horizontaler Verteilungsgerechtigkeit. Darüber hinaus schränkt die Versicherungspflicht die individuelle Wahlfreiheit ein und steht insofern im
Gegensatz zum Prinzip der Souveränität und Eigenverantwortung. Wie
oben ausgeführt, kann die Versicherungspflicht nicht mit adverser
Selektion begründet werden, doch löst sie erhebliche Verhaltensrisiken
aus.

b) Einheitlicher Beitragssatz: Ein weiteres zentrales Merkmal der deutschen Arbeitslosenversicherung ist der einheitliche risikounabhängige
Beitragssatz. Weil der Beitragssatz nach dem durchschnittlichen Risiko
bemessen wird, haben Personen mit geringem Risiko einen Anreiz, der
Versicherungspflicht auszuweichen. Damit wird die Berufswahl verzerrt, und es kommt zu einer Negativselektion.

Andererseits stellt der einheitliche Beitragssatz eine versteckte Subvention für Branchen (oder auch Regionen) dar, deren Arbeitnehmer einem überdurchschnittlichen Risiko ausgesetzt sind, arbeitslos zu werden. Entgegen dem ersten Anschein ist diese Subvention nicht verteilungspolitisch gerechtfertigt: Marktwirtschaftlich gedacht müßten
Branchen mit überdurchschnittlichem Risiko höhere Löhne zahlen, die
hierfür entschädigen. Der einheitliche Beitragssatz macht eine solche

Lohndifferenzierung überflüssig. Er erlaubt niedrigere Löhne und Preise in Branchen mit überdurchschnittlichem Risiko und führt daher zu einer ineffizient hohen Beschäftigung und Produktion in diesen Bereichen. In Branchen mit unterdurchschnittlichem Risiko verhält es sich umgekehrt. Insgesamt kommt es zu einer Verzerrung der Lohnstruktur durch fehlende Beitragsäquivalenz. Branchenabhängige Lohnersatzleistungen wie Schlechtwettergeld oder Kurzarbeitergeld verstärken diese Verzerrung noch.

Eine weitere wichtige Wirkung einheitlicher Beitragssätze besteht darin, daß sie in allen Branchen ein *kollektives Verhaltensrisiko* auslösen: Die Folgen wachsender Arbeitslosigkeit in einer Branche werden nicht über höhere Beitragssätze von den dort Beschäftigten getragen, sondern auf die übrigen Branchen abgewälzt. Diese Externalisierung von Lasten führt dazu, daß Unternehmen und Beschäftigte in jeder Branche höhere Löhne vereinbaren, als sie dies im Fall branchenmäßig differenzierter Beitragssätze täten.

c) Leistungsvoraussetzungen und Mitwirkungspflichten: Versicherte sind grundsätzlich verpflichtet, das Eintreten von Arbeitslosigkeit zu vermeiden, bei Arbeitslosigkeit eine Beschäftigung zu suchen und zumutbare Beschäftigungen anzunehmen. Die Zahlung des Arbeitslosengeldes kann ausgesetzt werden (Sperrzeit), wenn die Arbeitslosigkeit auf Eigenverschulden beruht oder die Mitwirkungspflicht nicht oder unzureichend erfüllt wird. Freilich lag die Beweislast hierfür bisher bei der Arbeitsverwaltung. Unabhängig von der Beweislastverteilung läßt sich die tatsächliche Mitwirkung nicht wirksam kontrollieren, weil der Arbeitslose über seine Bemühungen deutlich besser informiert ist als das Arbeitsamt. In dieser Hinsicht besteht asymmetrische Information als Ursache für ein *individuelles Verhaltensrisiko*. Je nach Stärke des individuellen Verhaltensrisikos muß der Beitrag höher bemessen sein als bei symmetrischer Information. Weil die Beiträge von den Versicherten selbst aufzubringen sind, kann aus ihrer Sicht der Verzicht auf eine Arbeitslosenversicherung optimal sein.

d) Leistungsumfang: Beim Arbeitslosengeld beträgt die Entgeltersatzquote, also das Verhältnis zwischen Transfer und pauschaliertem früheren Nettoverdienst, für Arbeitslose mit mindestens einem Kind 67 Prozent und für Kinderlose 60 Prozent. Das Arbeitslosengeld wird ohne Bedürftigkeitsprüfung gezahlt, also auch bei Vorhandensein von Vermögen oder anderen als Arbeitseinkommen. Die maximale Bezugsdauer hängt bisher vom Alter und der Versicherungszeit ab und liegt zwischen 6 und 32 Monaten. Nach Überschreitung dieses Zeitraums wird bei Bedürftigkeit Arbeitslosenhilfe für einen unbegrenzten Zeitraum gezahlt. Die Entgeltersatzquote beträgt in diesem Fall 57 Prozent für Arbeitslose mit Kindern und 53 Prozent für Kinderlose.

Die Staffelung der Leistungen nach der Kinderzahl beinhaltet eine familienpolitische Komponente, die arbeitslose Eltern im Vergleich zu anderen Arbeitslosen begünstigt. Eine solche Begünstigung, die anders als das Kindergeld nicht allen Familien, sondern nur jenen gewährt wird, bei denen mindestens ein Elternteil arbeitslos ist, widerspricht der horizontalen Verteilungsgerechtigkeit, aber auch der Transparenz, weil die Gesamthöhe der kinderbezogenen Leistungen – Kindergeld, Kinderfreibeträge, Wohngeld, Sachleistungen, zusätzliche Leistungen aller Zweige der Sozialversicherung – verdeckt wird.

e) Effektive Entgeltersatzquoten: Die oben genannten Entgeltersatzquoten geben nicht unmittelbar Aufschluß über die Arbeitsanreize, weil aus Sicht eines Arbeitslosen marginale Änderungen des gesamten Haushaltsnettoeinkommens relevant sind, und dieses besteht gerade in Mehrpersonenhaushalten aus einer Vielzahl von Einkünften und Transfers.

Die effektive Entgeltersatzquote wird durch das Zusammenwirken von Wohngeld, Kindergeld, Einkommen anderer Haushaltsmitglieder, Steuern, Sozialabgaben und den zulässigen Nebenerwerb bestimmt. Berücksichtigt man diese Faktoren, dann liegen die effektiven Entgeltersatzquoten selbst bei durchschnittlichen Einpersonenhaushalten in der Größenordnung von 80 Prozent. Bei Mehrpersonenhaushalten können sie erheblich über dieser Marke liegen. Alleinerziehende erhalten im typischen Fall zwischen 90 und 95 Prozent des früheren Nettoeinkommens. Selbst die Arbeitslosenhilfe erreicht bei dieser Personengruppe oft 90 Prozent, weil der Unterschiedsbetrag zwischen Arbeitslosengeld und Arbeitslosenhilfe durch das erhöhte Wohngeld rund zur Hälfte ausgeglichen wird. Als Regel gilt: Je geringer die berufliche Qualifikation und je geringer das frühere Arbeitsentgelt, desto höher die effektive Ersatzquote.

Daher bestehen gerade für gering Qualifizierte ungenügende Arbeitsanreize. Die empirisch beobachtbare hohe Arbeitslosenquote und die große Zahl Langzeitarbeitsloser in diesem Marktsegment sprechen für eine Minderung der Beschäftigung durch hohe Entgeltersatzquoten. In den alten Ländern beträgt die Arbeitslosenquote der Personen ohne Ausbildung 20 Prozent gegenüber 5 Prozent bei den Personen mit abgeschlossener Berufsausbildung. In den neuen Ländern liegt der erstgenannte Wert sogar über 50 Prozent

f) Anrechnungsregeln und Transferentzug: Arbeitslose können in geringem Umfang hinzuverdienen, ohne daß die Unterstützung gekürzt wird. Nach Überschreitung des Freibetrags steigt die Transferentzugsquote auf 100 Prozent. Es ist klar, daß dies in Verbindung mit den hohen effektiven Entgeltersatzquoten sehr hohe Verhaltensrisiken heraufbeschwört. Empirische Untersuchungen haben gezeigt, daß die theoretisch zu erwartenden Verhaltensänderungen tatsächlich eintreten und der Leistungsumfang eine wesentliche Bestimmungsgröße für die Inanspruchnahme von Lohnersatzleistungen ist. Vor allem die Bezugsdauer bestimmt wesentlich den Zeitpunkt der Wiederaufnahme einer Beschäftigung, aber auch bereits das Eintreten von Arbeitslosigkeit. Außerdem zeigt sich, daß die Abgangsrate aus Arbeitslosigkeit beim Übergang von Arbeitslosengeld zu Arbeitslosenhilfe zunimmt.

g) Bevorzugung älterer Arbeitnehmer: Ältere Arbeitnehmer werden durch die Ausgestaltung der Lohnersatzleistungen in mehrfacher Hinsicht bevorzugt, vor allem durch die längere Bezugsdauer beim Arbeitslosengeld, die abgeschwächte Mitwirkungspflicht für Arbeitslose über 58 Jahren und die eingeschränkte Anrechenbarkeit von Abfindungen und Sozialplanzahlungen. Diese Sonderregeln für ältere Arbeitslose wurden ab 1984 eingeführt. Erst im Anschluß daran ist die Arbeitslosenquote in der Altersgruppe von 55 bis 59 Jahren, die vorher nicht wesentlich über der Quote anderer Altersgruppen lag, dramatisch angewachsen (Abb. 4). Darüber hinaus bestätigen mikroökonometrische Studien, daß die heute beklagte Arbeitslosigkeit Älterer im wesentlichen auf den gesetzlichen Sonderregeln beruht.

Während die Arbeitslosenquote in der Altersgruppe von 50 bis 54 noch auf dem Niveau mittlerer Altersgruppen liegt, springt sie in der Altersgruppe 55 bis 59 Jahre plötzlich nach oben. Dieses Phänomen ist in allen Qualifikationsgruppen zu beobachten und bei hoher Qualifikation besonders ausgeprägt. Abb. 4 illustriert den Zusammenhang beispielhaft anhand des mittleren Qualifikationsniveaus.

Selbst Akademiker scheinen beim Überschreiten einer Grenze von 55 Jahren von dramatischer Entwertung ihres Humankapitals oder plötzlich einsetzender Arbeitsabneigung betroffen zu sein. Das erstmalige Auftreten dieses Syndroms fällt recht genau in den Zeitraum, als die maximale Bezugsdauer für das Arbeitslosengeld älterer Arbeitsloser mehrfach erhöht wurde.

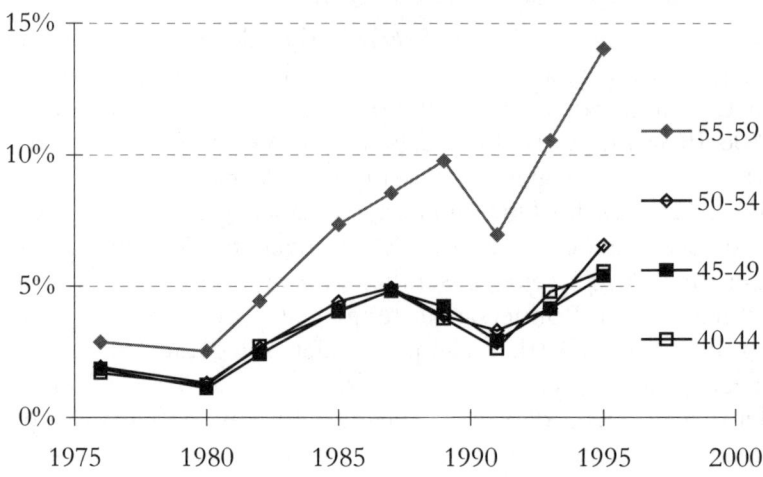

Abb. 4: Altersspezifische Arbeitslosenquoten, mittlere Qualifikation

Altersabhängige Bezugsdauern beim Arbeitslosengeld erzeugen entsprechende Verzerrungen des Arbeitsmarktes und führen zu höheren Arbeitslosenquoten Älterer. Bei gegebenem Kündigungsschutz – der übrigens ebenfalls altersabhängig ist – wird zum einen die Senioritätsentlohnung künstlich verstärkt. Diese begünstigt ältere Beschäftigte mit längerer Betriebszugehörigkeit (Insider) und verringert die Beschäftigungschancen Arbeitsloser sowie Beschäftigter mit kürzerer Betriebszugehörigkeit (Outsider). Im Fall eines Beschäftigungsabbaus ist es für die Unternehmen günstiger, ältere Mitarbeiter aus dem Arbeitsvertrag herauszukaufen und hohe finanzielle Lasten auf die Versichertengemeinschaft abzuwälzen. Durch die Altersrente wegen Arbeitslosigkeit, die über 59jährige in Anspruch nehmen können, wird diese Verzerrung noch verstärkt. Auch in den alten Ländern ist die Altersrente wegen Arbeitslosigkeit mittlerweile die häufigste Form des Rentenzugangs bei Männern (Frauen konnten bisher ohnehin ab 60 in Rente gehen).

Zusammengefaßt handelt sich bei den Sonderregeln für ältere Arbeitnehmer um wichtige Determinanten altersspezifischer Arbeitslosigkeit, die verteilungspolitisch kaum begründbar sind. Die Zahlen zeigen klar, daß ältere Arbeitnehmer vor Einführung dieser Sonderregeln kaum benachteiligt waren. Die Sonderregeln sind daher nicht als Folge schlechterer Arbeitsmarktchancen Älterer zu sehen, sondern umgekehrt ursächlich hierfür.

h) Arbeitslosenhilfe als zweite Sozialhilfe: Die Arbeitslosenhilfe nimmt eine Zwitterstellung zwischen Arbeitslosengeld und Sozialhilfe ein. Wie beim Arbeitslosengeld orientiert sich ihr Niveau am früheren Nettolohn, doch durch die zeitlich nicht befristeten Leistungen bei gleichzeitiger Bedürftigkeitsprüfung hat sie eher den Charakter einer zweiten *Sozialhilfe*. Die Steuer- statt Beitragsfinanzierung unterstreicht dies.

Verteilungspolitisch bedeutet das Nebeneinander von Arbeitslosenhilfe und Sozialhilfe, daß Bedürftige, die früher sozialversicherungspflichtig waren, gegenüber anderen Bedürftigen bessergestellt werden, ohne daß hierfür ein rechtfertigender Grund erkennbar wäre. Ganz im Gegenteil liegt in der Besserstellung erwerbsfähiger Bezieher von Arbeitslosenhilfe gegenüber erwerbsunfähigen Beziehern von Sozialhilfe ein Verstoß gegen jedes Verteilungsprinzip, das gesellschaftsvertraglich gerechtfertigt werden könnte. Gesellschaftsvertraglich müßte das Verhältnis dieser beiden Leistungen umgekehrt werden, weil erwerbsfähige Hilfeempfänger höhere gesellschaftliche Kosten verursachen: Diese bestehen nicht nur in der finanziellen Leistung, sondern außerdem im entgangenen Output.

Liegt die Arbeitslosenhilfe unterhalb des Sozialhilfeniveaus, was aufgrund ihres Lohnbezugs im Einzelfall auftreten kann, entsteht ein Anspruch auf ergänzende Sozialhilfe, der zusätzlichen Verwaltungsaufwand erzeugt und dem Prinzip der Effektivität und Effizienz widerspricht.

i) Aktive Arbeitsmarktpolitik: Im Jahre 2001 gab die Bundesanstalt für Arbeit knapp 22 Milliarden Euro oder rund 42 Prozent ihres Budgets für ein inzwischen unüberschaubares Sammelsurium von Maßnahmen der aktiven Arbeitsmarktpolitik aus. Hierzu gehören insbesondere Fortbildung und Umschulung, Arbeitsbeschaffungsmaßnahmen, Strukturanpassungsmaßnahmen und Lohnsubventionen. Es fragt sich, ob Pflichtversicherte, die hinter einem Schleier der Ungewißheit entscheiden, solche Maßnahmen befürworten würden und ob die Bundesanstalt für Arbeit überhaupt der geeignete Träger für Bildungsmaßnahmen ist. Darüber hinaus sind Eingriffe in Arbeitsmärkte und Produktmärkte skeptisch zu beurteilen, weil sie das Marktergebnis verzerren. Sofern die Maßnahmen dazu gedacht sind, Beschäftigung für gering Qualifizierte attraktiver zu machen, setzen sie an Symptomen an, statt die Fehlfunktionen des Arbeitsmarktes zu kurieren.

Hinsichtlich der internen Effizienz von Maßnahmen der aktiven Arbeitsmarktpolitik ist die empirische Evaluationsforschung bisher zu ernüchternden Ergebnissen gekommen: Positive Partialeffekte dieser Maßnahmen sind kaum nachweisbar; gelegentlich gibt es sogar Anzeichen für negative Wirkungen, etwa in der Form, daß die Teilnehmer ihre Suche nach einem regulären Arbeitsplatz einstellen. Positive gesamtwirtschaftliche Effekte sind noch weniger zu erwarten, weil die zahlreichen Verdrängungs- und Drehtüreffekte die ohnehin schwachen Partialeffekte weiter abschwächen.

Insgesamt stehen die nachweislichen Wirkungen der aktiven Arbeitsmarktpolitik außer Verhältnis zu den Kosten und den dadurch an anderer Stelle ausgelösten Verzerrungen. Daher kann die Weiterführung dieser Programme, von einem Ausbau ganz zu schweigen, nicht befürwortet werden.

j) Beratung und Vermittlung gehören zu den primären Aufgaben der Arbeitsämter, jedoch hat nicht zuletzt die Aufdeckung von Fälschungen der Vermittlungsstatistik durch den Bundesrechnungshof dazu geführt, daß heute auch dieser Tätigkeitsbereich problematisiert wird. Vermittlungserfolge sind der Bundesanstalt für Arbeit zwar normativ vorgegeben, doch aufgrund der Behördenstruktur und fehlenden Wettbewerbs schwer zu erreichen. Fraglos könnten Effektivität und Effizienz der Vermittlung bei einer Vergabe an private Unternehmen, die in Wettbewerb zueinander stehen, erhöht werden.

k) Verwaltungskosten: Im Jahre 2001 gab die Bundesanstalt für Arbeit 4,6 Milliarden Euro oder knapp 9 Prozent ihres Budgets für die Verwaltung aus. Ein erheblicher Teil dieser hohen Kosten ist unvermeidlich, weil sie durch asymmetrische Information verursacht werden. Zugleich gelingt es offenbar nicht, individuelle Verhaltensrisiken auszuschalten oder wenigstens auf ein volkswirtschaftlich vertretbares Maß zu beschränken.

2.3 Schnittstellen und Aufgabenverteilung

Finanziell sind Sozialhilfe und Lohnersatzleistungen vielfältig mit den übrigen Teilsystemen der sozialen Sicherung verflochten. Nachfolgend werden zunächst alternative Zuordnungen von Leistungen zu den Trägern der sozialen Sicherung erörtert und danach die zwischen den Systemen bestehenden Beitragsverpflichtungen dargestellt. Die Frage der Zuordnung von Leistungen stellt sich in folgenden Fällen:

Arbeitslosenversicherung versus Rentenversicherung: Die Arbeitslosenversicherung übernimmt einige Aufgaben, die ebenfalls von der Rentenversicherung wahrgenommen werden könnten. Hierzu zählen insbesondere Lohnersatzleistungen für Ältere, die dem Arbeitsmarkt rechtlich oder tatsächlich nicht mehr zur Verfügung stehen. In der Tat sprechen ältere Arbeitslose häufig von ihrem „Ruhestand" oder „Vorruhestand", obwohl sie Lohnersatzleistungen beziehen. Dieses Arrangement verschleiert die sozialen Kosten eines frühen Ausscheidens aus dem Arbeitsmarkt.

Arbeitslosenversicherung versus Sozialhilfe: Weil Sozialhilfe nachrangig gezahlt wird, hängt ihre Inanspruchnahme von der Ausgestaltung der Lohnersatzleistungen ab; in der Regel erhöht jede Kürzung von Lohnersatzleistungen die Sozialhilfeausgaben. Zugleich besteht für die Gemeinden als Träger der Sozialhilfe ein erheblicher Anreiz, Hilfeempfängern eine vorübergehende Beschäftigung zu verschaffen, damit sie Ansprüche auf Arbeitslosengeld und Arbeitslosenhilfe erwerben. Ein solcher Schachzug ist zwar für eine Gemeinde rational, weil die letztgenannten Ausgaben vom Bund getragen werden, aber gesamtwirtschaftlich irrational, weil eine bloße Lastenverschiebung die Probleme nicht löst. Darüber hinaus entstehen durch die Verschiebung Kosten, und weil auf die Interessen der Arbeitslosen keine Rücksicht genommen wird, ist sogar deren Dequalifizierung zu befürchten. Dies spricht dafür, beide Leistungen zu dezentralisieren, jedenfalls aber in einer Hand zusammenzufassen.

Sozialhilfe versus Krankenversicherung: Fällt ein gesetzlich Krankenversicherter in die Sozialhilfe, übernimmt die Gemeinde auch die Krankenversicherungsbeiträge. Andernfalls zahlt sie selbst die Behandlungskosten (sogenannte Krankenhilfe), womit die Sozialhilfeempfänger den Status von Privatpatienten erhalten. Verteilungspolitisch ist dies offensichtlich unvertretbar, daher sollten künftig alle Sozialhilfeempfänger gesetzlich krankenversichert sein.

Sozialhilfe versus Pflegeversicherung: Zur Hilfe in besonderen Lebenslagen gehören auch die Kosten der Unterbringung in einem Heim, weil die Pflegeversicherung nur die eigentlichen Pflegekosten bis zu bestimmten Höchstbeträgen übernimmt. Während die Leistungen der Pflegeversicherung unabhängig von der individuellen Bedürftigkeit sind, wird die Hilfe in besonderen Lebenslagen nachrangig gezahlt.

Sozialhilfe und Finanzausgleich: Weil die Sozialhilfe nach geltendem Recht von den Gemeinden finanziert wird, betrifft die Zuordnung von Leistungen zu alternativen Trägern der sozialen Sicherung auch den passiven Finanzausgleich zwischen Bund, Ländern und Gemeinden. Auf die hiermit zusammenhängenden Probleme geht Kapitel VI ein.

	2001 [Mrd. Euro]	2002 [Mrd. Euro]
Einnahmen der Bundesanstalt für Arbeit		
Beiträge auf Löhne und Gehälter	47,34	47,41
Beiträge auf Krankengeld	0,52	k. A.
Bundeszuschuß	1,93	5,62
Sonstige Einnahmen	3,35	3,48
Erstattung für Arbeitslosenhilfe	13,02	15,05
Gesamte Einnahmen	65,63	71,56
Ausgaben der Bundesanstalt für Arbeit		
Beiträge ohne Arbeitslosenhilfe an GKV	4,72	5,17
Beiträge auf Arbeitslosenhilfe an GKV	1,95	2,25
Beiträge ohne Arbeitslosenhilfe an GRV	6,74	7,23
Beiträge auf Arbeitslosenhilfe an GRV	1,79	2,05
Beiträge ohne Arbeitslosenhilfe an SPV	0,58	0,62
Beiträge auf Arbeitslosenhilfe an SPV	0,15	0,17
Gesamte Beiträge an andere Sozialversicherungen	15,94	17,51
In Prozent der Gesamteinnahmen	24,3	24,5

Tab. 4: Finanzielle Verflechtung der Arbeitslosenversicherung

Abschließend seien die *wechselseitigen Beitragsverpflichtungen* genauer betrachtet. Für Empfänger von Lohnersatzleistungen zahlt die Arbeitslosenversicherung Beiträge an die Gesetzliche Krankenversicherung (GKV), die Gesetzliche Rentenversicherung (GRV) und die Soziale Pflegeversicherung (SPV). Umgekehrt erhält sie Beiträge von der GKV für die Empfänger von Krankengeld, die jedoch von geringerer Bedeutung sind (Tab. 4). Die von der Arbeitslosenversicherung etwa an die GRV gezahlten Beiträge sind demgegenüber erheblich; ohne sie würde der Beitragssatz zur GRV um einen Prozentpunkt höher liegen, während der Beitragssatz zur Arbeitslosenversicherung einen Prozentpunkt niedriger sein könnte. Unter dem Gesichtspunkt der intertemporalen Konsumglättung sind diese Beiträge fragwürdig, weil der Zweck einer Arbeitslosenversicherung darin besteht, den Konsum in Zeiten des Verdienstausfalls zu stabilisieren, nicht darin, ausgerechnet in diesen Zeiten höhere Rentenansprüche zu erwerben.

Hingegen lassen sich die Beiträge zur GKV und zur Pflegeversicherung durchaus mit der gewünschten Erhaltung des Versicherungsschutzes begründen. Ob es richtig ist, daß die Beiträge bei Eintreten von Arbeitslosigkeit sinken, hängt von der Beitragsgestaltung im Teilsystem Kranken- und Pflegeversicherung ab und kann daher erst später diskutiert werden.

Der Bund ist gesetzlich verpflichtet, etwaige Defizite der Bundesanstalt für Arbeit durch Zuschüsse auszugleichen. Deren Höhe schwankt konjunkturell stark, weil der Beitragssatz zur Arbeitslosenversicherung nicht ständig an die Arbeitsmarktlage angepaßt wird. Im Jahre 2002 betrug der Bundeszuschuß zur Arbeitslosenversicherung 5,6 Milliarden Euro oder rund 10 Prozent der Einnahmen der Bundesanstalt ohne Erstattung für Arbeitslosenhilfe. Kosten der Arbeitslosenhilfe werden der Bundesanstalt separat vom Bund erstattet; dabei handelte es sich im Jahre 2002 um 15 Milliarden Euro. Weil Arbeitslosenhilfe nach Wegfall des Anspruchs auf Arbeitslosengeld gezahlt wird, erhöht eine Kürzung der maximalen Bezugsdauer für das Arbeitslosengeld die Inanspruchnahme von Arbeitslosenhilfe, wobei freilich die gesamten Ausgaben wegen geringerer Entgeltersatzquote und Bedürftigkeitsprüfung sinken.

Zusammengefaßt übernimmt die Bundesanstalt für Arbeit bei Eintreten von Arbeitslosigkeit die üblichen Beiträge zu den anderen Zweigen der Sozialversicherung. Sie stabilisiert damit deren Einnahmen, während ihr eigener Beitragssatz bei 6,5 Prozent fixiert ist. Als notwendiger Puffer fungiert der Bundeshaushalt, dessen variabler Zuschuß an die Bundesanstalt für Arbeit indirekt die Einnahmen aller Zweige der Sozialversicherungen stabilisiert.

3. Gestaltungsoptionen

Aus den obigen Ausführungen dürfte deutlich geworden sein, daß Sozialhilfe und Lohnersatzleistungen wichtige Beschäftigungshemmnisse begründen. Das Ziel einer Reform besteht nicht allein in der Senkung der fiskalischen Kosten und Lohnnebenkosten, sondern vor allem im Abbau von Fehlanreizen. Durch Minderung der Fehlanreize entstehen Effizienzgewinne, die eine weitgehende Entschädigung auch jener Personen erlauben, die im ersten Moment Verlierer der Reform zu sein scheinen. Denn der heutige Zustand stellt ein „Gefangenen-dilemma" dar, bei dem zwar die Bruttolöhne aufgrund individueller und kollektiver Verhaltensrisiken über dem Niveau liegen, das sie sonst hätten, zugleich aber durch Arbeitslosigkeit derart hohe soziale Kosten entstehen, daß die durchschnittlichen Nettoeinkommen geringer sind als sie sein könnten. Änderungen, die zu mehr Wachstum und Be-schäftigung führen, vergrößern den insgesamt verteilbaren Kuchen und ermöglichen Wohlstandsgewinne für die ganz überwiegende Mehrheit der Bevölkerung.

3.1 Sozialhilfe

a) Senkung von Sockelbetrag und Transferentzugsquote: Bei Transferentzugs-quoten zwischen 85 und 100 Prozent bestehen derzeit vor allem im Bereich niedriger Löhne sehr geringe Anreize zur Aufnahme einer Beschäftigung. Die Notwendigkeit einer Senkung der Transferentzugs-quote erscheint also klar, doch wurde oben gezeigt, daß es bei unver-ändertem Sockelbetrag zu einem deutlichen Anstieg der Sozialhilfe-grenze käme, der die Zahl der Sozialhilfeberechtigten und die Ausga-ben erhöht und darüber hinaus Fehlanreize für Personen, die bisher keinen Sozialhilfeanspruch hatten, entstehen läßt. Hieraus folgt, daß nur eine Minderung der Transferentzugsquote bei gleichzeitiger Sen-kung des Sockelbetrags die gewünschten Wirkungen hat. Damit schei-den Kombilöhne als mögliche Reformkandidaten aus; denn diese Mo-delle satteln zusätzliche Leistungen auf die bestehenden auf.

Aus verteilungspolitischen Gründen sollte die Senkung des Sockelbe-trags allerdings auf erwerbsfähige Transferempfänger beschränkt wer-den, weil sie bei Erwerbsunfähigen keine anreiztheoretische Rechtfer-tigung hat. Im Gegensatz zum geltenden Recht, das eine Kürzung der Sozialhilfe bei Verweigerung der Annahme zumutbarer Beschäftigung erlaubt (§ 25 BSHG), sollte erwerbsfähigen Hilfeempfängern nach dem hiesigen Vorschlag von vornherein nur ein reduzierter Sockelbetrag gewährt werden. Die insoweit unterschiedliche Behandlung erwerbsfä-higer und erwerbsunfähiger Hilfeempfänger schließt übrigens Optio-nen wie die „Negative Einkommensteuer" oder das „Bürgergeld" aus, weil diese einen für alle Bürger einheitlichen Steuertarif vorsehen.

Die Umsetzung dieser Gestaltungsoption erfordert eine Trennung von Erwerbsfähigen und Erwerbsunfähigen. Diese ist nicht ohne Proble-me, aber dennoch praktikabel. Als erwerbsunfähig sollten Personen gelten, die wegen Krankheit, Behinderung, häuslicher Bindung oder Aus- bzw. Fortbildung keiner Beschäftigung nachgehen können, wobei diese Einschränkungen restriktiv zu fassen sind und die Beweislast beim Hilfeempfänger liegt.

Technisch bedeutet „Senkung des Sockelbetrags" den Wegfall des Regelsatzes für erwerbsfähige Hilfeempfänger, denen nur noch die Unterkunftskosten erstattet werden. Dadurch daß die Regelsätze für Kinder unverändert bleiben, wird dem Umstand Rechnung getragen, daß Kinder auf veränderte Leistungsanreize nicht reagieren können oder sollen. Durch Sachleistungen wie Kindergärten und Schulen muß einer Verschlechterung der Situation von Kindern entgegengewirkt werden. Immerhin leben 60 Prozent der von dieser Maßnahme betroffenen Sozialhilfeempfänger in Bedarfsgemeinschaften ohne Kinder, bei denen sich dieses Problem nicht stellt.

Zwischen dem möglichen Umfang der Senkung der Transferentzugsquote und der Minderung des Sockelbetrags besteht eine wechselseitige Beziehung. Aus verfassungsrechtlichen Gründen sollten erwerbsfähige Sozialhilfeempfänger bei Annahme einer gering entlohnten Beschäftigung in der Lage sein, mindestens ein verfügbares Einkommen in Höhe der heutigen Sozialhilfe zu erzielen.

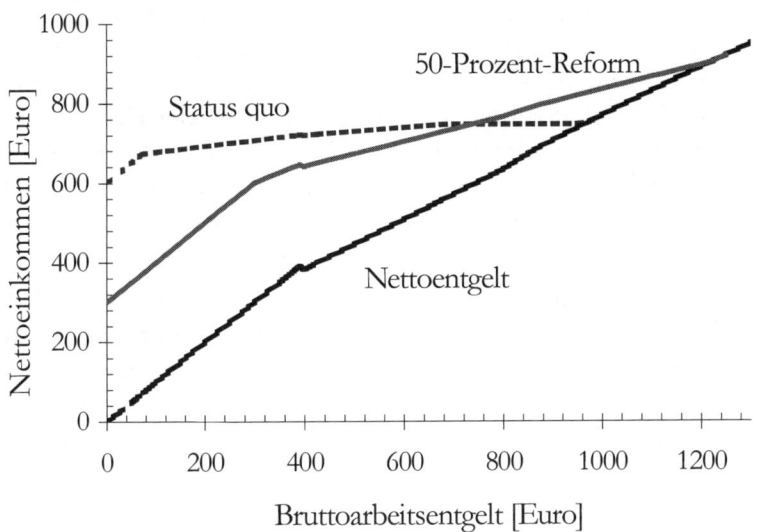

Abb. 5: Status quo und 50-Prozent-Reform

Abb. 5 illustriert dies für die hier vorgeschlagene *50-Prozent-Reform*: Dabei wird der Sockelbetrag eines Alleinstehenden, der sich aus dem Regelsatz und den Unterkunftskosten zusammensetzt, durch Streichung des Regelsatzes von 600 Euro auf 300 Euro monatlich halbiert. Nebenverdienste bis zu 300 Euro bleiben *anrechnungsfrei*, und höhere Nebenverdienste werden nur *zur Hälfte* auf die gezahlte Sozialhilfe angerechnet. Ein erwerbsfähiger Hilfeempfänger ist damit bereits bei Annahme eines Minijobs mit 400 Euro monatlich ähnlich gut gestellt wie heute; ab einem Bruttoarbeitsentgelt von 750 Euro ist er sogar bessergestellt.

b) Hilfe zur Arbeit: Soweit nicht alle erwerbsfähigen Sozialhilfeempfänger selbst eine Beschäftigung auf dem ersten Arbeitsmarkt finden, vermitteln die Gemeinden Arbeitsmöglichkeiten, um das heutige Niveau der Sozialhilfe zu sichern. Aus Anreizgründen muß es sich um Vollzeitstellen handeln, die nicht mehr als den Anspruch auf volle Sozialhilfe, also rund 600 Euro, begründen. Unter dieser wichtigen Voraussetzung ist davon auszugehen, daß erwerbsfähige Hilfeempfänger genügend Anreiz haben, eine Beschäftigung auf dem ersten Arbeitsmarkt zu suchen, weil sie dort bei Vollzeitarbeit erheblich mehr verdienen.

c) Sozialhilfe und Krankenversicherung: Alle Sozialhilfeempfänger sollten in die allgemeine Kranken- und Pflegeversicherung einbezogen werden und dieselben Leistungen wie die übrigen Beitragszahler erhalten – statt, wie derzeit, bessere Leistungen. Die Regelsätze der Sozialhilfe sind entsprechend anzuheben, so daß die Kosten der Krankenversicherung nicht von den Hilfeempfängern, sondern von den Gemeinden getragen werden. Gleichwohl bedeutet dies eine Entlastung der Gemeinden, weil Sozialhilfeempfänger überdurchschnittlich hohe Gesundheitskosten verursachen.

d) Pauschalierung: Zur Senkung der Verwaltungskosten, vor allem aber im Interesse einer Gleichbehandlung der Hilfeempfänger, sollten die Leistungen der Sozialhilfe stärker als bisher pauschaliert werden und regelmäßig wiederkehrende Ausgaben wie Kleidung oder Renovierung einschließen. Mehrbedarfszuschläge sind demnach auf das unabdingbare Maß zu beschränken.

3.2 Lohnersatzleistungen

a) Arbeitslosenhilfe: Nach gesellschaftsvertraglichem Verständnis sollten erwerbsfähige Bedürftige entweder dieselben Leistungen erhalten wie erwerbsunfähige Bedürftige – nämlich wenn man die entstehenden Fehlanreize geringschätzt –, oder niedrigere Leistungen, keinesfalls höhere. Daher schließt die zuvor skizzierte anreizorientierte Reform der Sozialhilfe den Fortbestand der Arbeitslosenhilfe aus: Es kann nicht sein, daß Erwerbsfähige abhängig davon, ob sie früher einmal Arbeitslosengeld erhalten haben, höhere Leistungen erhalten als Erwerbsunfähige. Darüber hinaus ist eine bestimmte Behandlung erwerbstätiger Sozialhilfeempfänger, die aufgrund politischer Wertungen für richtig gehalten wird, auch für die bisherigen Empfänger von Arbeitslosenhilfe richtig, weil sich diese beiden Personengruppen in keinem relevanten Merkmal unterscheiden.

b) Arbeitslosenversicherung. Aus den weiter oben dargestellten Gründen läßt sich eine Pflicht zur Versicherung gegen Arbeitslosigkeit nicht rechtfertigen. Ein solcher Versicherungszwang widerspricht den Leitlinien der Souveränität und Eigenverantwortung, der Subsidiarität sowie der Effektivität und Effizienz. Er konfligiert darüber hinaus mit dem Gebot horizontaler Verteilungsgerechtigkeit, wenn alle Erwerbstätigen denselben Beitragssatz zahlen, obwohl sie unterschiedlichen Risiken unterliegen. Eine Pflichtversicherung, die Leistungen oberhalb des Niveaus der Sozialhilfe gewährt, ist schlechthin nicht begründbar, und eine Pflichtversicherung mit Leistungen in Höhe der Sozialhilfe ist überflüssig, weil bereits das Steuer-Transfer-System eine solche Versicherung darstellt. Im letzteren Fall werden die Beiträge in voller Höhe als Steuern wahrgenommen, weil ihnen kein Nutzen gegenübersteht, so daß es nur zu einer administrativ kostspieligen institutionellen Dopplung kommt. Wegfall der Pflichtversicherung bedeutet nicht Wegfall des Schutzes gegen die finanziellen Folgen von Arbeitslosigkeit, weil die Sozialhilfe bestehen bleibt und weil Beschäftigte durch private Ersparnis leicht selbst Vorsorge treffen können, wie das folgende Beispiel zeigt: Ein Alleinstehender mit 2.000 Euro brutto zahlt monatlich 130 Euro an die Arbeitslosenversicherung. Legt er denselben Betrag zinslos an, besitzt er nach drei Jahren 4.680 Euro. Mit dieser Summe kann er 60 Prozent des letzten Nettoeinkommens (1.322 Euro) über einen Zeitraum von knapp sechs Monaten finanzieren, was dem heutigen Anspruch auf Arbeitslosengeld nach einjähriger Versicherungsdauer entspricht. Bei Vermeidung von Arbeitslosigkeit bleibt das entstandene Vermögen freilich erhalten, so daß der Anreiz, ohne Unterbrechung beschäftigt zu sein, ungleich höher ist als heute.

Will man die Pflichtversicherung gleichwohl fortführen, dann sollten das Leistungsniveau und die maximale Bezugsdauer deutlich gesenkt

und zur Milderung der Anreizprobleme zusätzlich Karenzzeiten eingeführt werden. Die Beitragssätze wären nach Branche, Region bzw.
Unternehmen zu staffeln. Erfahrungen in anderen Staaten – etwa das
US-amerikanische *experience rating* von Betrieben – illustrieren die Praktikabilität differenzierter Beitragssätze. Diese vermindern das kollektive
Verhaltensrisiko der Setzung nicht marktgerechter Löhne und sind
auch aus Gründen der Verteilungsgerechtigkeit angezeigt.

Als dritte Alternative zur heutigen Arbeitslosenversicherung könnten
die Beiträge individuell angespart und am Ende der Erwerbszeit ausgezahlt werden, wobei zwischenzeitliche Lohnersatzleistungen den
Kontenbestand entsprechend mindern. Leistungen oberhalb des Sozialhilfeniveaus entstehen hierbei erst nach einem längeren schadensfrei-
en Zeitraum. Um zu verhindern, daß das zweckgebundene Vermögen
über das erforderliche Maß steigt, müßte eine Obergrenze für den
Kontenstand eingeführt werden, bei deren Erreichen die Beitragspflicht entfällt. Diese Form des Zwangssparens mindert zwar das Verhaltensrisiko, ist aber denselben grundsätzlichen Einwänden ausgesetzt
wie jede Versicherungspflicht: Personen, die bei Arbeitslosigkeit auf
Sozialhilfeniveau zurückfallen, empfinden das Zwangssparen als Steuer, während es für andere Personen, die ohnehin durch Steuern und
Abgaben bereits hoch belastet sind, eine unnötige Freiheitsbeschrän-
kung darstellt. Zudem muß man Systemen staatlicher Kapitaldeckung
nicht nur im Fall der Alterssicherung mit einiger Skepsis begegnen,
weil die Gefahr besteht, daß der Staat das unzulänglich geschützte
Eigentum irgendwann requiriert.

Zusammengefaßt bestehen beim Arbeitslosengeld drei prinzipielle
Gestaltungsoptionen, nämlich

– Abschaffung der Versicherungspflicht,

– Pflichtversicherung mit risikoäquivalenten Beitragssätzen oder

– Versicherungspflicht mit Arbeitslosigkeitskonten.

Der erste Vorschlag entspricht den Leitlinien am besten. Er erscheint
radikal, und es könnte ihm entgegengehalten werden, daß Arbeitslosengeld in allen entwickelten Staaten gezahlt wird. Dieser Einwand ist
aber kein inhaltliches Argument, und er übersieht zudem, daß es in
vielen Staaten keine Sozialhilfe gibt und die dortigen (restriktiven) Arbeitslosenversicherungen de facto die Funktion der deutschen Sozialhilfe übernehmen. Weil Berechtigung und Existenz der Sozialhilfe
nicht in Frage gestellt werden, besteht zwischen dem hier vorgeschlagenen System und den Regelungen in anderen Staaten kein prinzipiel-

ler, sondern nur ein semantischer Unterschied. Sollte die erste Option politisch nicht gewollt sein, wäre die zweite gegenüber der dritten vorzuziehen.

c) Aktive Arbeitsmarktpolitik: Grundsätzliche Überlegungen und empirische Evidenz legen nahe, die aktive Arbeitsmarktpolitik einzustellen, weil sie eine riesige volkswirtschaftliche Verschwendung darstellt, die den Zwangsversicherten im Saldo nicht nutzt, sondern schadet. Ein weiterer Ausbau solcher Maßnahmen, wie er unter den Stichworten *Job Floater* oder *Bridge System* gefordert wird, ist entschieden abzulehnen.

d) Beratung und Vermittlung durch die Bundesanstalt für Arbeit haben bei Fortexistenz des Arbeitslosengeldes zwar den Vorteil, daß die leistungsgewährende Institution Aufschlüsse über die Mitwirkungsbereitschaft erhält, doch wird dieser Vorteil durch die typischen Anreizprobleme staatlicher Verwaltungen überwogen. Daher ist private gegenüber staatlicher Arbeitsvermittlung vorzuziehen. Dies gilt um so mehr beim Wegfall des Arbeitslosengeldes, weil mit ihm die letzte Rechtfertigung staatlicher Vermittlungstätigkeit entfallen würde.

4. Das anzustrebende System

Zusammengefaßt hat das vorgeschlagene System für Sozialhilfe und Lohnersatzleistungen folgende Merkmale: *Sozialhilfe* wird von den *Gemeinden* wie bisher an erwerbsfähige und erwerbsunfähige Bedürftige gezahlt. Ihre Leistungen werden weitestgehend *pauschaliert* und alle Hilfeempfänger in die *Kranken- und Pflegeversicherung* einbezogen. Abgesehen hiervon ändert sich für erwerbsunfähige Hilfeempfänger nichts, während erwerbsfähige Hilfeempfänger einen *halbierten Sockelbetrag* erhalten und die *Transferentzugsquote* für diesen Personenbereich auf zunächst Null und dann 50 Prozent gesenkt wird. Die Gemeinden *vermitteln Vollzeitstellen* an jene, die auf dem ersten Arbeitsmarkt keine Beschäftigung finden; die in dieser Weise Vermittelten erhalten jedoch nur Leistungen auf heutigem Sozialhilfeniveau. Die *Arbeitslosenhilfe* entfällt. Ebenso entfallen das *Arbeitslosengeld* und die übrigen Lohnersatzleistungen, die *Maßnahmen der aktiven Arbeitsmarktpolitik* und die *staatliche Arbeitsvermittlung* des Bundes, so daß die Bundesanstalt für Arbeit aufgelöst wird und zugleich die Bruttoarbeitsentgelte um den Arbeitgeberanteil (3,25 Prozent) heraufgesetzt werden. Freiwillige Versicherungen gegen Arbeitslosigkeit werden vom Staat weder behindert noch gefördert; es ist allerdings nicht damit zu rechnen, daß solche Versicherungen Verbreitung finden werden.

Hält der Gesetzgeber gleichwohl an der Arbeitslosenversicherung fest, sollte er Entgeltersatzquote und Bezugsdauer so eng wie möglich begrenzen und die Beitragssätze nach Risikoklassen staffeln.

5. Umsetzung der Reform

Tritt die Reform, wie hier unterstellt, am 1. Januar 2005 in Kraft, ändert sich für erwerbsunfähige Sozialhilfeempfänger wenig. Spürbare Änderungen erfahren jedoch die erwerbsfähigen Sozialhilfeempfänger sowie die bisherigen Bezieher von Arbeitslosenhilfe und Arbeitslosengeld, weil die beiden letztgenannten Leistungen entfallen. Der Gesichtspunkt des Vertrauensschutzes – der sowohl verfassungsrechtlich als auch im Hinblick auf die politische Akzeptanz der Reform bedeutsam ist – legt folgende abgestufte Übergangsregeln für die betroffenen Personengruppen nahe.

a) Sozialhilfe für Erwerbsunfähige: Ihr Niveau bleibt faktisch unverändert, doch wird die Sozialhilfe für Erwerbsunfähige pauschaliert und werden die Hilfeempfänger bei entsprechender Erhöhung der Regelsätze in die allgemeine Kranken- und Pflegeversicherung einbezogen. Hierin liegt nicht unbedingt eine Schlechterstellung; ganz im Gegenteil erweitert die Pauschalierung den Freiheitsspielraum der Betroffenen. Daher kann die Reform insoweit ohne Übergangsregeln in Kraft treten.

b) Sozialhilfe für Erwerbsfähige: Der Sockelbetrag wird halbiert und die Transferentzugsquote auf 50 Prozent gesenkt, so daß – wie oben ausgeführt – bereits eine geringfügige Beschäftigung den bisherigen Lebensstandard sichert. Außerdem sind die Gemeinden verpflichtet, jedem Erwerbsfähigen, der keine Stelle auf dem ersten Arbeitsmarkt findet, eine Vollzeitstelle anzubieten und im Fall der Annahme die ungekürzte Sozialhilfe zu belassen. Somit schadet diese Änderung nur jenen erwerbsfähigen Hilfeempfängern, die nicht bereit sind, eine geringfügige Beschäftigung auf dem ersten Arbeitsmarkt anzunehmen und die auch keine von der Gemeinde angebotene Stelle akzeptieren. Ein solches Verhalten ist aber nicht schutzwürdig, weil Hilfeempfänger schon *de lege lata* gehalten sind, an der Überwindung ihrer Notlage mitzuwirken. Anders ausgedrückt verwirklicht die gleichzeitige Senkung von Sockelbetrag und Transferentzug nur eine schon bestehende Rechtsidee; diese Reform kann daher ebenfalls ohne Übergangsregel in Kraft treten.

c) Arbeitslosenhilfe: Weil es sich bei der Arbeitslosenhilfe um einen steuerfinanzierten Transfer handelt, nicht um eine Versicherungsleistung, besteht rechtlich kein Besitzstand. Allerdings könnte ein sofortiger Wegfall der Arbeitslosenhilfe zu Härten führen. Daher sollte die Abschaffung der Arbeitslosenhilfe für Altfälle über mehrere Quartale gestreckt werden.

d) Arbeitslosengeld: Ein sofortiger Wegfall des Arbeitslosengeldes begegnet zwei Schwierigkeiten. Erstens beruhen die Leistungen auf Beiträgen und genießen daher einen eigentumsähnlichen Schutz. Dies wäre für sich genommen kein wesentliches Hindernis, soweit – wie bei einer Sachversicherung – nach Wegfall der Beitragspflicht auch die Leistungsansprüche erlöschen; in diesem Fall würde für den Übergang höchstens ein Jahr benötigt.

Zweitens enthält die Arbeitslosenversicherung aber Elemente intergenerativer Umverteilung, und viele heutige Beitragszahler haben in der Vergangenheit etwa den vorgezogenen Ruhestand Älterer mitfinanziert. Daher wird für diesen Teil der Reform ein 10jähriger Übergangszeitraum vorgeschlagen, während dessen die Leistungen für Versicherte der Geburtsjahrgänge vor 1955 abgeschmolzen und nicht sofort gestrichen werden.

Die Beitragspflicht entfällt jedoch bei gleichzeitiger Heraufsetzung der Bruttoarbeitsentgelte sofort. Dieser unmittelbare Lohnzuwachs um 6,5 Prozent erhöht die politische Akzeptanz der Reform und versetzt alle Beschäftigten in die Lage, innerhalb kurzer Zeit aus den ersparten Beiträgen eigene Vorsorge für etwaige Arbeitslosigkeit zu treffen. Während der Übergangszeit werden die Leistungen aus allgemeinen Steuermitteln über den Bundeshaushalt gezahlt.

Im Zusammenhang mit der vorgeschlagenen dezentralen Zuständigkeit für erwerbsfähige Sozialhilfeempfänger bietet es sich an, daß die Arbeitsämter Beschäftigte an die Gemeinden abgeben. Für die übrigen Beschäftigten wären neue Verwendungsmöglichkeiten im Bereich des Bundes zu suchen, weil die Aufgaben der Bundesanstalt für Arbeit langfristig wegfallen. Im Vergleich zur früheren Bahn- oder Postreform stellt dieser Bürokratieabbau keine neuartige Herausforderung dar.

IV Alterssicherung

Zur Alterssicherung gehören die Gesetzliche Rentenversicherung (GRV) und die Beamtenversorgung, aber auch etwa berufsständische Versorgungswerke und nicht zuletzt die private Vorsorge. Der folgende Text erläutert zunächst, was die eingangs skizzierten Leitlinien im Bereich der Alterssicherung konkret bedeuten. Hernach werden die Probleme des heutigen Systems analysiert und prinzipiell sinnvolle Gestaltungsoptionen aufgezeigt. Diese Überlegungen münden in einen konkreten Vorschlag für das langfristig anzustrebende Alterssicherungssystem. Hinweise zur Umsetzung des Vorschlags beschließen das Kapitel.

1. Anwendung der Leitlinien

a) Souveränität und Eigenverantwortung beinhalten, daß jedermann frei entscheiden kann, wie er sein erworbenes Einkommen auf die verschiedenen Lebensphasen aufteilt. Ein staatlicher Zwang, der auf Verstetigung des Konsumstroms abzielt, ist nicht legitim. Die Freiheit, selbst über das Ausmaß der Altersvorsorge zu entscheiden, findet höchstens dort ihre Grenze, wo das Individuum bewußt oder fahrlässig in Kauf nimmt, sein Einkommen vor dem Lebensende verbraucht zu haben und dann – bei im Alter mangelnder Fähigkeit zum eigenen Erwerb – auf Unterstützung durch andere angewiesen ist. Stellt man diesen Extremfall zunächst zurück, kann staatlicher Zwang zur Alterssicherung nicht damit gerechtfertigt werden, daß der einzelne vor den Folgen kurzsichtiger Lebensplanung geschützt werden müsse; vielmehr sind seine Entscheidungen auch dann zu akzeptieren, wenn sie aus Sicht Dritter bedeuten, daß er sich selbst schadet.

Zur Eigenverantwortung gehört auch Einsicht in die Notwendigkeit, daß ein durchschnittliches Individuum im Laufe seines Lebens nicht mehr verbrauchen kann als es selbst zum Sozialprodukt beiträgt; bei Berücksichtigung von Verwaltungskosten liegt der durchschnittliche Verbrauch sogar unterhalb des Beitrags zum Sozialprodukt. An dieser gesellschaftlichen Ressourcenbeschränkung ändert ein Generationenvertrag nichts, denn Schneeballsysteme, die allen Generationen nützen, sind unmöglich, sofern der Zinssatz langfristig über der Wachstumsrate der Lohnsumme liegt. Hierfür wiederum sprechen zahlreiche theoretische und empirische Gründe.

Diese Überlegungen haben eine vielleicht überraschende und ungewohnte Konsequenz: Zwar mag man niemandem das Recht absprechen, durch gesundheitsbewußtes Verhalten und Gefahrenvermeidung seine Lebenserwartung auszudehnen, doch muß er auch die Folgen dieses Verhaltens selbst tragen und in Kauf nehmen, daß die erworbenen Einkommensansprüche über einen längeren Zeitraum gestreckt werden. Insofern sollten die Kosten einer steigenden Lebenserwartung nicht einseitig den folgenden Generationen aufgebürdet werden.

b) Subsidiarität bedeutet, daß staatlicher Zwang nur ausgeübt werden darf, soweit rein private Entscheidungen über die Altersvorsorge zu gesamtwirtschaftlich unerwünschten Ergebnissen führen. Hierfür werden in der Literatur drei Argumente genannt:

Die *erste* und gängigste Begründung staatlichen Zwangs beruht auf der Hypothese eines Trittbrettfahrerverhaltens, wonach Individuen möglicherweise auf Altersvorsorge verzichten, wenn sie wissen, daß sie sich im Alter bei Bedürftigkeit auf die Unterstützung durch andere verlassen können. Ein Ausnutzen des sozialen Sicherungssystems widerspricht dem Prinzip der Eigenverantwortung, weil Lasten auf andere abgewälzt werden. Es ist allerdings keineswegs klar, ob Zwangsbeiträge als Kur einer solchen fiskalischen Externalität besser sind als die Krankheit, die sie heilen sollen. Dies beruht auf folgendem: Jemand, der strategisch auf Altersvorsorge verzichtet und auf spätere Unterstützung durch andere spekuliert, empfindet Zwangsbeiträge nicht als Beiträge, sondern als Steuern, also als Zahlungen ohne Gegenleistung. In diesem Fall lösen Zwangsbeiträge selbst dann, wenn ihnen aktuarisch faire Rentenzahlungen gegenüberstehen, dieselben Verzerrungen aus wie Steuern. Sie schmälern den Arbeitsanreiz und bewirken im Extremfall, daß jemand, der in Abwesenheit eines Versicherungszwangs der Gemeinschaft zwar später zur Last gefallen wäre, aber zumindest in jungen Jahren zum Sozialprodukt beigetragen hätte, nun in beiden Lebensphasen unterstützt werden will, weil er aufgrund der hohen wahrgenommenen Steuerbelastung auf eine Arbeitsaufnahme verzichtet. Im Ergebnis kann es daher für die Steuerzahler billiger sein, wenn kein Zwang zur Alterssicherung besteht und mittellose Alte von der Allgemeinheit unterstützt werden.

Die *zweite* Begründung für Staatseingriffe in die Alterssicherung beruht auf der Theorie asymmetrischer Information. Falls Versicherte ihre persönlichen Risiken besser abschätzen können als die Versicherer, ist denkbar, daß in einem Marktgleichgewicht nur schlechte Risiken – also Personen mit hoher Lebenserwartung – den gewünschten Versicherungsschutz zu aktuarisch fairen Konditionen erhalten, während gute Risiken ein ungünstiges Preis-Leistungs-Verhältnis oder eine Teilversicherung akzeptieren müssen. Auf die Alterssicherung bezogen bedeutet dies, daß gute Risiken relativ geringe Leibrenten erhalten, verbunden mit der Klausel, daß weitere Leibrentenverträge nicht bestehen dürfen. Bei Risikoscheu der Individuen und Risikoneutralität der Versicherer sind solche Verträge ineffizient.

Allerdings beruht dieser Ansatz auf der Annahme, daß Individuen recht genaue Informationen über ihre Lebenserwartungen haben und Versicherer diese Kenntnisse nicht oder nur mit hohen Kosten erlangen können. Empirische Erfahrungen mit Leibrenten in verschiedenen Staaten (etwa Australien, Kanada oder der Schweiz) liefern hierfür keine überzeugende Bestätigung. Dort liegen die erwarteten Versicherungsleistungen im Durchschnitt nur um rund 10 Prozent unter dem Wert der eingezahlten Kapitalsumme, und die Unterschiede in der Lebenserwartung zwischen den Gruppen der Versicherten und der Unversicherten sind nicht sehr hoch. Hieraus ergibt sich der Schluß, daß die eher geringe Verbreitung privater Leibrentenverträge nicht auf asymmetrische Information zurückzuführen ist, sondern vielmehr auf den Umstand, daß in vielen Staaten wegen der Existenz großdimensionierter staatlicher Alterssicherungssysteme kaum Bedarf an dieser Art privater Vorsorge besteht.

Der *dritte* Grund für staatlichen Zwang ist etwas umwegig: Bekanntlich können Alterssicherungssysteme entweder als Umlageverfahren organisiert werden (wobei die Beiträge der Jüngeren sofort an die Älteren ausgezahlt werden) oder als Kapitaldeckungsverfahren (mit Ansparen und späterer Auszahlung der Beiträge). Aus Gründen, die gleich deutlich werden, ist ein Umlageverfahren keinesfalls privat betreibbar, sondern nur durch staatlichen Zwang. Gibt es nun Argumente, die für das Umlageverfahren sprechen, dann stützen diese Argumente zugleich den Zwang.

Teile der Literatur meinen, daß ein Umlageverfahren schon deshalb nicht privat betrieben werden könne, weil es eine unendliche Anzahl von Teilnehmern benötige. Diese Ansicht ist irrig, weil ein Umlageverfahren auch bei endlicher Teilnehmerzahl (und anschließendem Weltuntergang) privat und ohne Zwang funktioniert, sofern es im Vergleich zur Kapitaldeckung einen Renditevorteil hat. Hierbei muß man lediglich eine vermittelnde Institution mit unbegrenzter Lebensdauer voraussetzen, die durchaus ein privates Unternehmen sein kann.

In Wahrheit beruht die Unmöglichkeit privater Umlageverfahren darauf, daß die Umlage im Vergleich zur Kapitaldeckung eine geringere Rendite abwirft. Man kann nämlich zeigen, daß die Rendite eines Umlageverfahrens der Wachstumsrate der Lohnsumme entspricht, und diese Wachstumsrate liegt langfristig unter dem Kapitalmarktzins. Folglich hat das Umlageverfahren gegenüber dem Kapitaldeckungsverfahren einen Renditenachteil, und dieser ist eigentlicher Grund für den Mißmut der jeweils jüngeren Generationen gegenüber der Umlage, denn auch wenn sich individuelle Beiträge und individuelle Renten proportional zueinander verhalten, empfinden die Versicherten ihre Beiträge teilweise als Steuern.

Während das Umlageverfahren also nicht mit Renditevorteilen gerechtfertigt werden kann, sehen es manche Autoren als Vehikel zur Verteilung kollektiver Risiken (wie etwa Kriegslasten) über mehrere Generationen. In der Tat wurde der Aufbau der umlagefinanzierten gesetzlichen Rentenversicherung in Deutschland vor allem mit der Vernichtung des Deckungskapitals im Zweiten Weltkrieg begründet. Freilich steht mit der Staatsverschuldung bereits ein Instrument zur Verfügung, das die Verteilung von Lasten über mehrere Generationen erlaubt.

Weiterhin wird angeführt, daß in Abwesenheit eines Umlageverfahrens jede Elterngeneration einen unzureichenden Anreiz hätte, kollektiv in die Ausbildung ihrer Kinder zu investieren. Weil es keine Märkte für Humankapitalaktien gibt – und in unserer Rechtsordnung auch nicht geben kann –, ermöglicht nur das Umlageverfahren eine Teilhabe der Eltern an den Erträgen der Kindergeneration. Eine solche Teilhabe mindert zugleich das Risiko der Eltern, weil die Renditen des Umlage- und des Kapitaldeckungsverfahrens nicht vollständig miteinander korreliert sind.

Zusammengefaßt könnte bei einer Entscheidung ab ovo allenfalls der dritte Grund die Errichtung eines staatlichen Zwangssystems der Alterssicherung legitimieren. Wichtig ist nun aber, daß es bei der Reform der sozialen Sicherung im Deutschland des 21. Jahrhunderts nicht um eine Entscheidung ab ovo geht, weil ein umfangreiches Umlageverfahren, das stets nur durch Zwang aufrechterhalten werden kann, schon besteht. Dessen Weiterführung ist möglicherweise durch andere, noch nicht diskutierte Problemaspekte gerechtfertigt.

c) Verteilungsgerechtigkeit hat im Bereich der Alterssicherung zwei Facetten, nämlich Gerechtigkeit innerhalb einer Generation und zwischen verschiedenen Generationen. Intragenerative Verteilungsgerechtigkeit verlangt die Gleichbehandlung Gleicher innerhalb jeder Generation und schließt damit aus, daß die Vor- und Nachteile der Pflichtmitgliedschaft von irrelevanten Faktoren wie der Stellung im Berufsleben oder der Angehörigkeit zu einer bestimmten Berufsgruppe abhängen. Dies gilt um so mehr, da die Nachteile der Pflichtmitgliedschaft im Umlageverfahren auf Vorteilen für eine Einführungsgeneration beruhen, die ursprünglich als gemeinschaftliche Aufgabe begriffen wurden, nämlich die Linderung der Kriegsfolgen. Insofern verlangt intragenerative Gerechtigkeit den Einbezug der gesamten Wohnbevölkerung in das Umlageverfahren.

Als nächstes stellt sich die Frage der relativen Behandlung von Personen, die sich in einem relevanten Merkmal unterscheiden, nämlich der Lebenserwartung. Vertragstheoretisch gesehen sollte Umverteilung in Richtung auf die von der Natur Benachteiligten erfolgen. Wer aber sind diese? Intuitiv erscheinen Personen mit niedriger Lebenserwartung als benachteiligt, also etwa Männer im Vergleich zu Frauen. Aus dieser Warte wäre es nicht gerecht, wenn Personen mit vergleichsweise geringer Lebenserwartung systematisch eine niedrigere Rendite auf ihre Beiträge erhielten. Dies ist im heutigen System aber der Fall, weil die gezahlten Beiträge Ansprüche auf bestimmte Monatsrenten (statt Lebensrenten) eröffnen. Man darf aber anzweifeln, ob die Alternative – also niedrigere Monatsrenten für Frauen gegenüber Männern – als gerecht akzeptiert würde, daher wird dieser Gedanke nicht weiter verfolgt.

Intergenerative Gerechtigkeit ist noch schwieriger zu fassen, doch fehlt es nicht an Versuchen. So wird etwa gefordert, jede Generation müsse ihren Nachfolgern dieselben Entfaltungsmöglichkeiten hinterlassen, die sie selbst vorgefunden hat. Andere wenden die Theorie des Gesellschaftsvertrags auf Generationen an. In diesem Fall stellt sich die Frage, auf welche Zahlungsströme man abhebt. Als Alternativen kommen die Nettobeiträge einer Generation an das Alterssicherungssystem in Betracht, gegebenenfalls mit Berücksichtigung der Kosten der Kindererziehung, oder das gesamte Nettoeinkommen einer Generation. Bezieht man die Kosten der Kinder ein, liegt es nahe, einer Generation mit niedriger Geburtenrate die daraus erwachsenden Folgen aufzubürden, was für eine Politik des konstanten Beitragssatzes spricht. Stellt man auf das gesamte Nettoeinkommen der jeweiligen Generationen ab

– statt auf ihre Nettobeiträge zum Alterssicherungssystem – liegt eine Umverteilung zu Lasten späterer Generationen nahe, weil diese aufgrund des Wirtschaftswachstums tendenziell begünstigt sind. Insgesamt erscheint dieser Teil der normativen Theorie aber zu ungefestigt, um konkrete Schlußfolgerungen herzugeben.

d) Effektivität und Effizienz der Alterssicherung setzen voraus, daß das System mit möglichst geringem Verwaltungsaufwand betrieben wird (interne Effizienz) und die Entscheidungen der Individuen möglichst wenig verzerrt (externe Effizienz). Zu den betroffenen Entscheidungen gehören vor allem das Sparen, das Arbeitsangebot und die Geburtenrate.

Hinsichtlich der *Sparentscheidung* meinte insbesondere die amerikanische Literatur lange Zeit, daß ein staatliches Umlageverfahren zu ineffizient geringer Ersparnis und Kapitalbildung führe. Dies ist jedoch nicht der Fall. Wenn die Ersparnis bei Einführung oder Ausweitung eines Umlageverfahrens sinkt, liegt hierin keine Verzerrung, sondern eine effiziente Anpassung an veränderte Rahmenbedingungen. Allerdings gilt dies nur, wenn die Renten unabhängig von den eigenen Mitteln der Alten ausgezahlt, andere Einkommen also nicht angerechnet werden.

Die Verzerrung der *Arbeitsangebotsentscheidung* hängt sowohl von der Art der Beitragserhebung als auch von der Leistungsbemessung ab. Eine Verzerrung im ökonomischen Sinn, also eine Effizienzeinbuße, ist ausgeschlossen, wenn die Beiträge unabhängig vom Arbeitseinkommen sind. In der Praxis aber nehmen die Beiträge bei wachsendem Arbeitseinkommen zu. In diesem Fall kommt es wesentlich auf den Zusammenhang zwischen Rente und Beitrag an: Ist die Höhe der Rente, wie in manchen Staaten, unabhängig von den früher gezahlten Beiträgen, werden letztere in voller Höhe als Steuern wahrgenommen, was starke Verzerrungen der Arbeitsangebotsentscheidung und entsprechend hohe Effizienzeinbußen bedeutet. Die Effizienzeinbußen sind geringer, wenn individueller Rentenanspruch und individueller Beitrag in proportionaler Beziehung stehen, wie näherungsweise im deutschen System. Weil der Proportionalitätsfaktor im Umlageverfahren, der Wachstumsfaktor der Lohnsumme, auf Dauer unterhalb des Zinsfaktors liegt, empfinden die Versicherten ihre Beiträge zwar zum Teil als Steuern, aber nicht in voller Höhe. Man spricht in diesem Zusammenhang von *Teilhabeäquivalenz*. Versicherungsmathematische Äquivalenz von Beitrag und Rente ist nur im Kapitaldeckungsverfahren herstellbar, doch kann das Umlageverfahren zumindest Teilhabeäquivalenz im

Sinne eines proportionalen Bezugs von Beitrag und Rente gewährleisten. Unter Effizienzgesichtspunkten ist dies anzustreben.

Manche Autoren sprechen der Umlagefinanzierung zudem eine Verzerrung der *Geburtenrate* zu, weil Kinder zwar gesamtwirtschaftlich für den Fortbestand des Systems unerläßlich seien, aber nicht im individuellen Kalkül. Entsprechend wird eine Bemessung der Renten oder Beiträge nach der Kinderzahl gefordert. Die Berücksichtigung von Kindern würde aber der oben geforderten Teilhabeäquivalenz widersprechen, weil diese einen proportionalen Zusammenhang zwischen den gezahlten Beiträgen und der Rente verlangt und insofern andere Rentenbestimmungsfaktoren ausschließt. Außerdem ist das Nachwachsen künftiger Generationen nicht nur für umlagefinanzierte, sondern auch für kapitalgedeckte Alterssicherungssysteme unerläßlich, denn auch bei der Kapitaldeckung könnte die alte Generation nicht überleben, wenn es keine Jungen gibt. Schließlich überdehnt das Argument den ökonomischen Effizienzbegriff, der bei endogener Personenzahl nicht mehr in Form des gängigen Pareto-Kriteriums gefaßt werden kann. Die Kinderzahl sollte deshalb im Teilsystem Alterssicherung unberücksichtigt bleiben, was nicht ausschließt, daß ihr innerhalb des Steuer-Transfer-Systems Rechnung getragen wird.

Aus der Leitlinie der Effizienz folgt unmittelbar, daß das Umlageverfahren abgeschafft werden sollte, wenn dies möglich ist, ohne eine Generation schlechterzustellen. Bei einem teilhabeäquivalenten Umlageverfahren, und nur bei diesem, ist ein Pareto-verbessernder Übergang zur Kapitaldeckung jedoch nicht möglich, wie die neuere Forschung gezeigt hat. Es stimmt zwar, daß auch ein teilhabeäquivalentes Umlageverfahren Verzerrungen auf dem Arbeitsmarkt hervorruft, doch sind diese unvermeidlicher Tribut an die Vergangenheit: Die jetzige Generation und alle künftigen bezahlen, was die früheren Generationen durch das System gewonnen haben.

e) Nachhaltigkeit und Stabilität: Diese Forderungen schließen zunächst aus, daß man sowohl den Beitragssatz als auch das Rentenniveau langfristig fixiert. Wichtig ist darüber hinaus aber auch die politische Stabilität: Das Alterssicherungssystem sollte so gestaltet sein, daß es für künftige Generationen akzeptabel ist und diese es nicht durch demokratische Beschlüsse umstoßen. Bei einem Umlageverfahren, das alle künftigen Generationen belastet, ist daher auf eine Begrenzung der Belastung zu achten. Dies gilt insbesondere bei international integrierten Arbeitsmärkten und hoher Arbeitsmobilität: Die Nachgeborenen können einer hohen Last nicht nur kollektiv – durch gesetzliche Systemänderung – ausweichen, sondern auch individuell, nämlich durch Abwanderung. Abwanderungstendenzen würden bei unverändertem System eine Abwärtsspirale auslösen und es zerstören.

f) Rechts- und Planungssicherheit: Hiermit eng zusammenhängend bietet ein Alterssicherungssystem, dessen Existenz gefährdet erscheint, dem einzelnen keine Rechts- und Planungssicherheit. Unter dem Gesichtspunkt der Rechts- und Planungssicherheit sind punktuelle kurzfristige Eingriffe abzulehnen, die zwar die Nachhaltigkeit erhöhen, aber das Vertrauen der Versicherten in den Bestand der Spielregeln beeinträchtigen. Dieser Aspekt ist auch aus folgendem Grund wichtig: Wie oben dargestellt, verursacht ein Umlageverfahren, bei dem ein enger Bezug zwischen Beiträgen und Renten besteht, die geringsten Effizienzeinbußen. Während aber alle Versicherten ihre Beiträge kennen, sind sie bezüglich der späteren Rentenzahlung auf Vermutungen angewiesen. Daher ist Vertrauen in das System eminent wichtig. Eine um sich greifende Grundhaltung, man „bekomme später sowieso nichts heraus" würde bedeuten, daß das Umlageverfahren trotz Teilhabeäquivalenz hohe Effizienzverluste erzeugt.

g) Transparenz: Ähnliches gilt in bezug auf die Transparenz. Wenn die Versicherten den Bezug zwischen Leistung und Gegenleistung nicht zu erkennen vermögen, empfinden sie den Beitrag als Steuer und weichen dem System legal oder illegal (durch Schwarzarbeit) aus. Aus diesem Grund sind Umverteilungen innerhalb der Alterskohorten abzulehnen.

$$* * *$$

Ein ideales Alterssicherungssystem, das allen Leitlinien in vollem Umfang genügt, kann es nicht geben, weil in diesem Bereich zahlreiche *Zielkonflikte* existieren. Der wichtigste und augenfälligste Zielkonflikt besteht zwischen den Zielen der Subsidiarität und der Effizienz, weil Subsidiarität die Leistungen des Alterssicherungssystems auf eine Grundversorgung in Höhe des Existenzminimums beschränkt, während Effizienz einen engen Bezug zwischen Beitrag und Rente verlangt, was die Finanzierung einer Grundrente durch einkommensabhängige Beiträge ausschließt. Andererseits sind einkommensunabhängige Beiträge nicht möglich, weil sie bei niedrigen Einkommen dem Verfassungsprinzip der Verschonung des Existenzminimums zuwiderlaufen. Daher verbleibt nur die Wahl zwischen einem niedrigen Beitragssatz mit breiter Bemessungsgrundlage und einem hohen Beitragssatz mit schmaler Bemessungsgrundlage. Im ersten Fall unterliegen alle

Einkommen einer mäßigen Verzerrung, im zweiten werden die Entscheidungen einer kleineren Gruppe stärker verzerrt.

Bei engem Bezug zwischen Beitrag und Rente widerspricht ein hohes durchschnittliches Sicherungsniveau auch dem Ziel der Souveränität und Eigenverantwortung, während ein geringes Sicherungsniveau bewirkt, daß ein Teil der Versicherten nur Rentenansprüche in Höhe der Sozialhilfe erwirbt, was die Arbeitsangebots- und die Sparentscheidung verzerrt.

2. Probleme des heutigen Systems

In diesem Abschnitt wird zunächst gezeigt, inwieweit das deutsche Alterssicherungssystem, insbesondere die Gesetzliche Rentenversicherung (GRV), von den oben konkretisierten Leitlinien abweicht. Anschließend werden die Schnittstellen dieses Systems mit den übrigen Bereichen der sozialen Sicherung diskutiert.

a) Pflichtmitgliedschaft nur für bestimmte Bevölkerungsgruppen: Zwar beruht die GRV grundsätzlich auf dem Prinzip der Pflichtmitgliedschaft, doch gibt es eine Reihe wichtiger Ausnahmen. Erstens erstreckt sich die Pflichtmitgliedschaft nur auf Arbeitnehmer, während Selbständige (rund 4 Millionen Personen) in der Regel ausgenommen sind. Innerhalb der Arbeitnehmerschaft sind Beamte (rund 1,6 Millionen Personen) nicht in der GRV versichert, sondern direkt über den Staatshaushalt. Darüber hinaus werden Angehörige bestimmter Berufsgruppen – vor allem Apotheker, Architekten, Ärzte, Notare, Rechtsanwälte und Steuerberater – auf Antrag von der Versicherungspflicht befreit, und zwar unabhängig davon, ob sie selbständig oder Arbeitnehmer sind. Voraussetzung für die Befreiung ist die Versicherung über ein berufsständisches Versorgungswerk. Die Versorgungswerke bedienen sich zumindest teilweise des Kapitaldeckungsverfahrens, so daß die dort Versicherten auf ihre Beiträge annähernd die Kapitalmarktrendite erhalten.

Diese Ausnahmen bedeuten zunächst einen offenkundigen Verstoß gegen die Leitlinie intragenerativer Verteilungsgerechtigkeit: Warum soll ein angestellter Rechtsanwalt eine höhere Rendite auf seine Beiträge zur Alterssicherung erhalten als ein angestellter Ingenieur? Diese Frage wird nicht durch den Hinweis aus der Welt geschafft, daß die Rendite auf Beiträge zur GRV durch den Bundeszuschuß höher ausfällt, als wenn die Renten allein durch Beiträge finanziert würden.

Denn der Bundeszuschuß zielt nicht auf einen Ausgleich der Rendite-differenz ab.

Eine Ausdehnung der Pflichtmitgliedschaft auf alle Bevölkerungsgruppen könnte nicht nur die Verteilungsgerechtigkeit erhöhen, sondern auch die Nachhaltigkeit der GRV. Eine solche Maßnahme würde nämlich – ähnlich wie die Zuwanderung junger Menschen aus dem Ausland – eine Senkung des Beitragssatzes bei unveränderten Leistungen erlauben. Aufgrund der Entlastung der Beitragszahler könnte das spätere Rentenniveau, sofern die Rendite des Systems konstant gehalten wird, gesenkt werden. Dadurch würden der Beitragssatz der GRV dauerhaft sinken und die Nachhaltigkeit dieses Systems zunehmen.

Schließlich hat die Anknüpfung der Versicherungspflicht an die Stellung im Berufsleben auch Auswirkungen auf die Effizienz. Vor allem die unterschiedliche Behandlung von Selbständigen und Arbeitnehmern verzerrt Entscheidungen über die Organisation von Arbeitsbeziehungen und verleitet zu Organisationsformen, die zwar ineffizient, aber lohnend sind, weil damit Beiträge gespart werden. Das Stichwort „Scheinselbständigkeit" verdeutlicht die Relevanz dieses Arguments.

b) Paritätische Finanzierung: Die fiktive Aufspaltung der Beiträge zur GRV in einen Arbeitnehmer- und einen Arbeitgeberanteil beeinträchtigt die Transparenz, weil sie dem Versicherten fälschlich suggeriert, er müsse nur die halbe Belastung tragen. In Wirklichkeit wird der Arbeitnehmer mit dem vollen Beitrag belastet, denn Arbeitsnachfrage, Beschäftigung und Nettolohn bleiben bei Abschaffung der Arbeitgeberanteile und entsprechender Erhöhung der Bruttolöhne unverändert.

Für eine Abschaffung der Arbeitgeberanteile spricht auch, daß sozialpolitische Entscheidungen hierbei zu unbeabsichtigten Bruttolohnänderungen führen. So erhöht beispielsweise eine Rentenanhebung die Arbeitskosten, während eine Herausnahme von Leistungen aus dem Katalog der Krankenkassen die Arbeitskosten senkt. Den Arbeitnehmern wird hierdurch ein eigenverantwortliches Abwägen zwischen Nutzen und Kosten der Sozialversicherungen unmöglich gemacht.

Daher sollten die Arbeitgeberanteile abgeschafft und die Bruttolöhne gesetzlich erhöht werden, was keinen Eingriff in die Tarifautonomie bedeutet, weil Arbeitskosten und Nettolöhne, wie dargestellt, unverändert bleiben. Als weitere Konsequenz scheiden die Arbeitgeber aus der Selbstverwaltung der Sozialversicherungsträger aus. Dies ist richtig, weil ein paternalistisches Hereinreden der Arbeitgeber in Belange, die nur die Arbeitnehmer angehen, nicht mehr in die Zeit paßt und jeden-

falls nichts mit Souveränität und Eigenverantwortung der Arbeitnehmer zu tun hat.

c) Hinterbliebenensicherung: Grundsätzlich beruht die GRV auf dem Prinzip der Teilhabeäquivalenz, wonach sich die Renten proportional zu
den gezahlten Beiträgen verhalten. Die Hinterbliebenensicherung
weicht diesen Grundsatz auf, weil für sie kein höherer Beitrag gefordert wird. Hierin liegt eine intragenerative Umverteilung von Ledigen
zu Verheirateten, deren Ausmaß daran gemessen werden kann, welche
Prämie die Ehegatten auf einem privaten Markt für den Hinterblie-
benenschutz zahlen müßten. Die Umverteilung zugunsten Verheirateter
ist besonders groß, wenn einer der Ehegatten bedeutend jünger ist als
der andere und kein eigenes Einkommen hat.

Zwar hat der Gesetzgeber mit der Rentenreform 2001 ein Splitting der
Rentenansprüche eingeführt, wonach beim Tod eines Ehegatten der
andere die Hälfte der Summe beider Rentenansprüche erhält und eine
Einkommensanrechnung nicht mehr stattfindet, doch besteht hinsichtlich des Splittings eine Wahlmöglichkeit. Die Ehepartner können
also bei der alten Regelung bleiben, wenn diese für sie günstiger ist.
Insbesondere kann der überlebende Partner in diesem Fall zunächst
die frühere Hinterbliebenenrente wählen und später, etwa bei Wieder-
heirat, zum Rentensplitting überwechseln. Insgesamt verstößt die Regelung nach wie vor gegen das Gebot intragenerativer Gerechtigkeit.

d) Bemessung der Rentenleistungen: Die deutsche Rentenformel interpretiert
den Grundsatz der Teilhabeäquivalenz recht eigenwillig. Erstens werden die Rentenleistungen nicht direkt zu den gezahlten Beiträgen in
Beziehung gesetzt, sondern zur jeweiligen relativen Einkommensposi-
tion des Versicherten. Bei konstantem Beitragssatz wäre dies unerheb-
lich, doch in Wirklichkeit ist der Beitragssatz starken Schwankungen
unterlegen. Allein in den 1990er Jahren lag er zwischen 17,5 Prozent
und 20,3 Prozent, was einer Zunahme um 16 Prozent entspricht. Damit werden Personen, die – bei gleichem Lebenseinkommen – in Jahren eines hohen Beitragssatzes viel verdienen, schlechtergestellt, weil
sie höhere Zahlungen leisten, um denselben Rentenanspruch zu erhalten. Dies verstößt gegen intragenerative Gerechtigkeit.

Zweitens verbindet die Rentenformel zwei Größen mit unterschiedlicher Zeitdimension, nämlich die Summe der insgesamt gezahlten Beiträge einerseits und die monatliche Rente andererseits. Teilhabeäquivalenz würde nur im Fall einer einheitlichen Lebenserwartung bestehen. Unterscheiden sich hingegen zwei ansonsten identische Personen

in ihrer Lebenserwartung, dann hat diejenige mit der höheren Lebenserwartung einen im Durchschnitt höheren Gesamtanspruch gegen den Rentenversicherungsträger, und zwar nicht obwohl, sondern weil die monatliche Rente identisch ist. Empirisch haben Angehörige unterer Einkommens- und Bildungsschichten eine signifikant geringere Lebenserwartung und erhalten damit eine systematisch geringere Rendite auf ihre Beiträge zur GRV; allerdings wird dieser Nachteil durch die stärkere Inanspruchnahme von Erwerbsunfähigkeitsrenten teilweise ausgeglichen. Ähnlich haben Frauen im Alter von 65 Jahren eine um vier Jahre höhere restliche Lebenserwartung als Männer. Ob die Nichtberücksichtigung der Lebenserwartung in der Rentenformel gegen intragenerative Gerechtigkeit verstößt, ist jedoch fraglich. Wichtiger erscheint vielmehr ein Verstoß gegen intergenerative Gerechtigkeit, der sich wie folgt begründen läßt: Der demographisch bedingte Anstieg des Beitragssatzes beruht nicht allein auf dem Geburtenrückgang, sondern ebenso auf einer spektakulären Zunahme der Lebenserwartung, vor allem in den Altersgruppen über 65 Jahren. So stieg die restliche Lebenserwartung 65jähriger Männer zwischen 1950 und 1998 von 12,8 auf 15,5 Jahre, bei den Frauen von 13,7 auf 19,2 Jahre. Die derzeitige Rentenformel bürdet die daraus folgende Last ausschließlich den späteren Generationen auf, weil die Lebenserwartung nicht in die Bemessung der Renten eingeht und daher allein den Beitragssatz nach oben treibt.

Neben diesem Gerechtigkeitsaspekt hat die Tatsache, daß die Rentenhöhe nicht von der Lebenserwartung abhängt, auch Effizienzeinbußen zur Folge: Bei seinen Entscheidungen über gesundheitsbewußtes und damit lebensverlängerndes Verhalten vernachlässigt der Einzelne die Kosten des Lebensunterhalts für die gewonnenen Jahre, weil diese von der Versichertengemeinschaft getragen werden. Auch wenn das Argument auf den ersten Blick akademisch klingen mag, bleibt festzuhalten, daß die Lebenserwartung in Deutschland und anderen Staaten rasant gestiegen ist und für die Zukunft ein weiterer Anstieg vorausgesagt wird. Diese Entwicklung bedroht die Nachhaltigkeit des umlagefinanzierten Alterssicherungssystems. Bisher nicht allgemein akzeptiert ist, daß umgekehrt das System die genannte Entwicklung beschleunigt haben mag, weil es Anreize zur Lebensverlängerung enthält. In diesem Zusammenhang muß auch die 2001 eingeführte kapitalgedeckte Eigenvorsorge („Riester-Rente") kritisch gesehen werden, weil die Förderung unter der Bedingung steht, daß die Auszahlung in Form von

Leibrenten erfolgt und nicht als Einmalbetrag. Damit werden Anreize zu einer übermäßigen Lebensverlängerung verstärkt.

Drittens verletzt die Rentenformel den Grundsatz der Teilhabeäquivalenz, indem sie keine Rücksicht auf den Zeitpunkt der Beitragszahlung nimmt. Zur Erinnerung: Teilhabeäquivalenz bedeutet, daß Beiträge zum Umlageverfahren ähnlich verzinst werden wie Kapitalmarktanlagen, allerdings mit einer geringeren Rendite. Eine solche annähernde Gleichstellung von Beitragszahlern und Sparern vermindert legale und illegale Ausweichreaktionen. Zur Herstellung von Teilhabeäquivalenz müßten Beitrage, die zu einem früheren Zeitpunkt gezahlt werden, eine stärkere Wirkung auf die Rentenhöhe haben als später gezahlte Beiträge. Weil dies nicht der Fall ist – die Rente hängt allein von der Summe der nicht aufgezinsten Beiträge ab –, enthalten früh gezahlte Beiträge einen vergleichsweise hohen Steueranteil. Damit besteht ein Anreiz, möglichst spät ins Erwerbsleben einzutreten, was hinsichtlich der im internationalen Vergleich langen Studienzeiten und den späten Berufseinstieg ein Problem darstellt.

Auf der anderen Seite geben auch die unlängst eingeführten Abschläge für einen Rentenbezug vor Erreichen der Regelaltersgrenze von 65 Jahren wenig Anreiz zum späten Renteneintritt. Das durchschnittliche Renteneintrittsalter liegt in Deutschland derzeit knapp unter 60 Jahren. Daher regen Teile der Literatur an, die Abschläge so zu bemessen, daß der mit dem Kapitalmarktzins berechnete Barwert des Rentenanspruchs unabhängig vom Zeitpunkt des Renteneintritts ist. Nach der heutigen Regelung wird dem Barwert ein geringerer Zinssatz zugrunde gelegt, nämlich die Rendite des Umlageverfahrens. Diesen Überlegungen ist aber entgegenzuhalten, daß stärkere Abschläge, wenn sie den durchschnittlichen Renteneintritt tatsächlich verschieben, den Beitragssatz nur kurzfristig senken, langfristig aber sogar erhöhen und damit die Nachhaltigkeit des Systems beeinträchtigen. Denn im Umlageverfahren kann eine Generation, die länger arbeitet, hierfür nur durch die folgenden Generationen belohnt werden. Daher entsprechen höhere Abschläge in ihrer Wirkung der Gründung eines zusätzlichen Umlageverfahrens, das auf das bestehende aufgesattelt wird. Unter dem Gesichtspunkt der Nachhaltigkeit, die schon durch das bestehende Umlageverfahren gefährdet erscheint, wäre dies kein Vorteil.

Ein weiterer Aspekt kommt hinzu, wenn man berücksichtigt, daß die Versicherten unterschiedliche Lebenserwartungen haben und über private Informationen hinsichtlich der individuellen Lebenserwartung verfügen. In diesem Fall ist ein früher Renteneintritt bei beliebigen

Abschlägen für einen Versicherten um so attraktiver, je kürzer er seine Lebenserwartung einschätzt. Auch empirisch besteht ein Zusammenhang zwischen frühem Renteneintritt und geringer Lebenserwartung. Insofern dämpfen geringe Abschläge die oben besprochene Umverteilung zu Lasten von Versicherten mit niedriger Lebenserwartung, während höhere Abschläge dieses Verteilungsproblem verschärfen würden.

e) Berücksichtigung von Kindern: Ein staatlich organisiertes Umlageverfahren versichert Paare gegen ungewollte Kinderlosigkeit, weil die Alterssicherung auf den Schultern der gesamten Kindergeneration ruht. Dieses Arrangement vermindert möglicherweise den Anreiz zur Erziehung eigener Kinder. Ob dies der Fall ist, hängt davon ab, ob die Eltern bei gedachter Abwesenheit des Umlageverfahrens nicht ohnehin andere Formen der Alterssicherung wählen würden, nämlich Ersparnisse, um sich gegen Kinderlosigkeit oder mangelnde Unterstützung durch die Kinder abzusichern. So gesehen tragen beide Faktoren – das Umlageverfahren und die Entwicklung der Kapitalmärkte – zur Erklärung der heute niedrigen Geburtenraten in den Industrieländern bei.

Der deutsche Gesetzgeber hat im Zeitablauf die familienpolitischen Leistungen der GRV beständig ausgebaut. Diese Leistungen umfassen etwa die Berücksichtigung von Kindererziehungszeiten als Beitragszeiten, Anrechnungszeiten wegen Schwangerschaft und Mutterschaft, kinderbezogene Höherbewertung von Pflichtbeitragszeiten, Hinterbliebenenrenten mit Kinderzuschlägen, Waisenrenten sowie Erziehungsrenten. Darüber hinaus hat das Bundesverfassungsgericht dem Gesetzgeber nahegelegt, Kinder auch bei den Beiträgen zur GRV zu berücksichtigen.

Das Ergebnis ist ein undurchsichtiger Dschungel familienpolitischer Maßnahmen in einem Teilsystem der sozialen Sicherung, das nicht die gesamte Bevölkerung umfaßt. Neben diese Förderung treten familienbezogene Leistungen des Steuer-Transfer-Systems, zu denen das Kindergeld, Kinderfreibeträge bei der Einkommensteuer, Subventionen für Kindergärten sowie Kinderkomponenten in der Eigenheimförderung und der Förderung privater Altersvorsorge gehören. Diese Mixtur verstößt gegen mehrere Leitlinien der Sozialreform. Sie ist intransparent, weil sie in zu viele Einzelbausteine zerfällt, intragenerativ ungerecht, weil der Bezug familienpolitischer Leistungen von der Stellung im Berufsleben abhängt, und ineffizient, weil jedes gegebene Förderziel mit geringeren fiskalischen Kosten erreicht werden könnte. Im Bereich der GRV verstößt insbesondere die kinderbezogene Höherbewertung von Pflichtbeitragszeiten gegen Gerechtigkeit und Effizienz, weil diese Vergünstigung nur Eltern zugute kommt, die arbeiten. Eine Betreuung der Kinder durch die eigenen Eltern wird damit unattraktiv gemacht.

Eine Staffelung des Beitragssatzes zur GRV nach der Kinderzahl würde die Familienpolitik noch unübersichtlicher machen. Die Entlastung der Eltern bei den Beiträgen hätte zwar den Vorteil, daß die Unterstützung bereits zu dem Zeitpunkt gezahlt wird, da die Kosten der Kindererziehung entstehen, und nicht in ferner Zukunft. Doch hat die Differenzierung der Beiträge nach der Kinderbelastung keine innere Logik, weil das Umlageverfahren nicht allein durch Kinder der heutigen Pflichtversicherten stabilisiert wird, sondern auch durch Kinder von Selbständigen oder Beamten, während umgekehrt die Kinder mancher Pflichtversicherter später nicht selbst pflichtversichert sein und somit zum Systemerhalt nichts beitragen werden. Insgesamt spricht alles dafür, die Familienpolitik aus dem Alterssicherungssystem herauszunehmen und im Steuer-Transfer-System zu bündeln.

f) Sonstige Anrechnungszeiten: Anrechnungszeiten für Krankheit, Schwangerschaft und Mutterschaft, Arbeitslosigkeit sowie schulische Ausbildung widersprechen dem Prinzip der Teilhabeäquivalenz, soweit sie den Rentenanspruch von den gezahlten Beiträgen entkoppeln. Bei einer Herausnahme der Familienpolitik aus dem Rentenrecht könnten die Anrechnungszeiten für Schwangerschaft und Mutterschaft entfallen. Die Anrechnung von Zeiten der Krankheit oder Arbeitslosigkeit ist zwar konsequent, da in diesen Zeiten der betreffende Versicherungsträger Beiträge zahlt, sollte aber im Zuge einer Gesamtlösung für wechselseitige Transfers überdacht werden. Demgegenüber hat die Anrechnung von Ausbildungszeiten überhaupt keine Rechtfertigung, weil Ausbildung dem Humankapitalerwerb und damit der Steigerung des späteren Einkommens dient. Es ist nicht einzusehen, warum die GRV besser ausgebildete Versicherte, die im allgemeinen ja auch finanziell bessergestellt sind, zu Lasten von Beitragszahlern mit geringer Ausbildung begünstigen sollte.

g) Intergenerative Risikoteilung: Die jährliche Rentenanpassung folgt dem Anstieg des Lohns eines durchschnittlichen Arbeitnehmers und nicht der Wachstumsrate der Lohnsumme. Deshalb sind die Rentner gegenüber Beschäftigungsschwankungen aufgrund demographischer Faktoren oder wegen Arbeitslosigkeit ebenso versichert wie gegen die finanziellen Folgen einer Zunahme ihrer Lebenserwartung. Alle diese Faktoren wirken allein auf den Beitragssatz, nicht auf das Rentenniveau. Ob diese Spielregel den Kriterien der Effizienz und der intergenerativen

Gerechtigkeit genügt, hängt entscheidend davon ab, wodurch die jeweiligen Schwankungen ausgelöst werden.

Die Folgen eines Geburtenrückgangs werden nicht der verursachenden, also der Elterngeneration aufgebürdet, sondern der Kindergeneration. Dies erscheint problematisch. Analog trifft jede Zunahme der Arbeitslosigkeit allein die verbleibenden Beitragszahler; die Rentner werden an den volkswirtschaftlichen Kosten der Arbeitslosigkeit nicht beteiligt, was nur folgerichtig erscheint, wenn der Anstieg der Arbeitslosigkeit allein durch die jüngere Generation verursacht wurde, etwa durch überzogene Lohnforderungen.

h) Bundeszuschuß: In den letzten Jahren hat sich das Verhältnis von Beitragseinnahmen der GRV und Bundeszuschuß beständig zugunsten des letzteren verschoben. Mittlerweile macht der Bundeszuschuß schon ein Drittel der Gesamteinnahmen aus. Diese Umfinanzierung wurde mit dem Anliegen begründet, den Faktor Arbeit zu entlasten und damit die Schere zwischen den Lohnkosten der Arbeitgeber und dem Nettolohn der Arbeitnehmer zu verringern. Die Transparenz der GRV hat dabei aber weiter gelitten, weil der Beitragssatz kein geeignetes Signal für die Kosten der Alterssicherung darstellt. Der Bundeszuschuß verschleiert die Verteilung der Lasten, weil die Steuerzahler unbemerkt einen immer größeren Anteil der Rentenzahlungen finanzieren. Die angebliche – in Wirklichkeit aber aufgrund des Haushaltsrechts nicht vorhandene – Zweckbindung von Teilen der Mineralölsteuer und Umsatzsteuer zugunsten der Alterssicherung macht die Verschleierung perfekt.

i) Politische Stabilität: Mit der Rentenreform 2001 wurde zwar der Anstieg der Rentenansprüche gebremst, weil künftig freiwillige Altersvorsorgebeiträge wie Pflichtbeiträge das Nettoeinkommen mindern und außerdem ein demographischer Faktor in die Rentenformel eingebaut wurde. Dennoch lassen sich die beiden im Gesetz enthaltenen Grenzen – nämlich mindestens 67 Prozent für das Rentenniveau und höchstens 22 Prozent für den Beitragssatz – langfristig nicht gleichzeitig einhalten. Insofern steht die fehlende Nachhaltigkeit des Systems außer Frage.

Zur Beurteilung der politischen Stabilität der GRV muß man bereits heute fragen, wie sich künftige politische Entscheidungsträger bzw. die sie wählenden Mehrheiten verhalten werden. Möglicherweise versuchen sie die Lücke zwischen Beiträgen und Renten durch eine weitere Anhebung des Bundeszuschusses zu schließen. Dieses Verfahren hat jedoch Grenzen, weil den Wählern bewußt ist, daß sie auch den Bundeszuschuß mit ihren Steuern finanzieren. Bisweilen wird hierzu geäußert, eine Verhinderung intergenerativer Transfers sei für die jüngere Generation um so schwieriger, je älter die Bevölkerung im Durchschnitt und je höher damit der Anteil der Älteren in der Wählerschaft ist. Diese Sichtweise verkennt aber, daß die Beiträge von den Jüngeren nicht in Form von Kopfsteuern erhoben werden, sondern zum Teil den Charakter einer Lohnsteuer haben. Die jüngere Generation kann sich den Abgaben zum Beispiel durch Verringerung des Arbeitsangebots, Selbständigkeit, Schwarzarbeit oder Auswanderung entziehen. Außerdem vermag sie sich kollektiv durch Maßnahmen wie einen Generalstreik zur Wehr zu setzen. Solche Abwehrmöglichkeiten setzen dem Ausmaß erfüllbarer Rentenansprüche enge Grenzen, und man muß vermuten, daß ein weiterer dauerhafter Anstieg des Beitragssatzes zur GRV in Zukunft nicht durchsetzbar sein wird.

j) Behandlung privater Vorsorge: Seit der Rentenreform 2001 wird in Deutschland die – schon zuvor in großem Umfang praktizierte – private kapitalgedeckte Vorsorge staatlich subventioniert. Im Vorfeld der Gesetzgebung wurden als Gestaltungsalternativen die obligatorische Teilnahme und die staatliche Förderung durch Zuschüsse bzw. Steuervorteile diskutiert. Die Entscheidung fiel zugunsten der zweiten Alternative, die heute als Riester-Rente bezeichnet wird. Um sie zu bewerten, sei zunächst gefragt, ob die Zusatzversorgung zur Vermeidung von Altersarmut benötigt wird oder ob sie einen über das Existenzminimum hinausgehenden Konsum im Alter ermöglichen soll.

Derzeit beträgt die Sozialhilfequote der Älteren nur rund 2 Prozent, wobei es sich im wesentlichen um Frauen handelt. Diese Quote wird voraussichtlich weiter sinken, weil die Erwerbsbeteiligung der Frauen beständig steigt und weil in naher Zukunft nur noch solche geschiedenen Frauen leben werden, die aufgrund des vor über 30 Jahren eingeführten Scheidungsrechts einen verschuldensunabhängigen Unterhaltsanspruch und Versorgungsausgleich erhalten haben.

Daher ist absehbar, daß die staatliche Förderung privater Altersvorsorge hauptsächlich einem über dem Existenzminimum liegenden Konsum zugute kommen wird, was kritisch zu beurteilen ist, weil der Staat hierbei in private Dispositionen eingreift und damit gegen das Prinzip der Souveränität und Eigenverantwortung verstößt. Das Subventionsvolumen muß in jedem Jahr von allen Steuerzahlern aufgebracht werden – von jenen, die einen Riester-Vertrag abgeschlossen haben und ihre Subvention damit teilweise selbst finanzieren, aber auch von jenen, die darauf in Ausübung eines legitimen Freiheitsrechts verzichten. Damit subventionieren Personen, die eine vergleichsweise hohe Präferenz für Konsum in jungen Jahren haben, die Gruppe mit der umgekehrten Präferenz. Ein solcher Eingriff ist sozialpolitisch nicht begründbar; er widerspricht der Souveränität und Eigenverantwortung und verstößt zugleich gegen das Gebot intragenerativer Gerechtigkeit.

Darüber hinaus ist weder empirisch noch theoretisch gesichert, daß eine Sparförderung tatsächlich die private Ersparnis erhöht, denn die Zinselastizität der Ersparnis wird allgemein als gering eingeschätzt. Deshalb kommt es bei der Subventionierung privater Vorsorge im wesentlichen zu Mitnahmeeffekten, die vor allem im Bereich der betrieblichen Altersvorsorge sichtbar werden. Insofern ist die Erreichung des für sich genommen fragwürdigen Ziels selbst fraglich. Die Förderung der Entgeltumwandlung, wonach jeder Arbeitnehmer jährlich bis zu 4 Prozent der Beitragsbemessungsgrenze steuer- und sozialabgabenfrei in eine betriebliche Alterssicherung einbringen kann, belastet den Staatshaushalt und die Träger der Sozialversicherung erheblich, und die Steuerpflicht der Rückflüsse gleicht diese Einbußen nicht aus, weil der Barwert der Steuereinnahmen erheblich geringer ist. Bei unveränderten Staatsausgaben bewirkt die Subventionierung – die eigentlich dem Zweck einer Senkung der impliziten Staatsschuld diente – eine Zunahme der expliziten Staatsschuld. Außerdem verursacht sie erhebliche Verwaltungskosten, man denke nur an den Aufwand zur Zertifizierung der Riester-Produkte. Aus volkswirtschaftlicher Sicht ist dies reine Verschwendung und damit ein Verstoß gegen das Effizienzgebot.

* * *

Zwischen der GRV und den übrigen Teilsystemen bestehen zwei problematische Schnittstellen, nämlich die Zuordnung von Leistungen und die wechselseitige Übernahme von Beitragszahlungen. Mit der *Zuordnung von Leistungen* sind vor allem Rehabilitationsmaßnahmen angesprochen, deren Finanzierung bisher zweigeteilt ist: Dient eine Maßnahme der Vorbeugung gegenüber Behinderung oder Pflegebedürftigkeit, werden die Kosten von der Gesetzlichen Krankenversicherung (GKV) übernommen, während die GRV Kostenträger ist, wenn die Wiederherstellung der Erwerbsfähigkeit im Vordergrund steht. Eine solche Doppelzuständigkeit ist unvorteilhaft, weil sie Abgrenzungsprobleme aufwirft.

Wechselseitige Beitragszahlungen bestehen zwischen der GRV und allen anderen Zweigen der Sozialversicherung. Einerseits unterliegen alle

Renten der GRV der Beitragspflicht in GKV und Pflegeversicherung, wobei der Beitrag je zur Hälfte vom Versicherten und dem Rentenversicherungsträger übernommen wird. Andererseits sind neben Arbeitnehmern auch Bezieher von Krankengeld, Arbeitslosengeld und Arbeitslosenhilfe in der GRV beitragspflichtig. In den beiden erstgenannten Fällen wird der Beitrag von 80 Prozent des dem Transfer zugrunde liegenden Arbeitsentgelts berechnet, im dritten Fall vom Transfer selbst, der wiederum 53 oder 57 Prozent des pauschalierten Nettoarbeitsentgelts beträgt. Darüber hinaus sind Personen, die einen Pflegebedürftigen nicht gewerbsmäßig pflegen, mit einem Satz zwischen 27 Prozent und 80 Prozent der sogenannten Bezugsgröße beitragspflichtig, wobei die Bezugsgröße aus dem Durchschnittsentgelt der abhängig Beschäftigten errechnet wird. Die Beiträge entfallen bei Bezug von Krankengeld je zur Hälfte auf Versicherten und Krankenkasse, während sie ansonsten vollständig vom Transfergeber gezahlt werden.

Die hiermit skizzierte Konstruktion kann wegen der Aufteilung der Beitragspflicht nicht überzeugen, die zudem aus nicht nachvollziehbaren Gründen unterschiedlich ausgestaltet ist. Es ist klar, daß eine solch intransparente Trennung der Beitragspflicht im Zuge der Abschaffung der Arbeitgeberbeiträge ebenfalls entfallen sollte. Dabei ist die Höhe der Transfers entsprechend heraufzusetzen.

3. Gestaltungsoptionen

Das Alterssicherungssystem sollte im Einklang mit den Leitlinien stehen und die zuvor besprochenen Probleme des heutigen Systems weitgehend vermeiden. Der folgende Überblick zeigt die wichtigsten Gestaltungsoptionen, gegliedert nach den zentralen Merkmalen des Alterssicherungssystems.

a) Finanzierungsverfahren: Zunächst stellt sich die Frage, ob das heute geltende Umlageverfahren ganz oder zum Teil durch Kapitaldeckung ersetzt werden sollte. Mit Rücksicht auf intergenerative Verteilungsgerechtigkeit wäre ein Übergang zur Kapitaldeckung nicht innerhalb einer Generation oder weniger Generationen vorstellbar. Soweit Teilhabeäquivalenz besteht und die Versicherten auch tatsächlich darauf vertrauen, später eine dem eigenen Beitrag proportionale Rente zu erhalten, erbringt ein Systemwechsel auch keine Effizienzgewinne. Daher sollte es beim Umlageverfahren bleiben. Ein staatliches Kapitaldeckungsverfahren ist ohnehin nicht empfehlenswert, weil die Gefahr besteht, daß der Staat die ihm aus den enormen Mitteln erwachsende Verfügungsmacht mißbraucht. Bezüglich privater Kapitaldeckung gilt dieser Einwand natürlich nicht, so daß das staatliche Umlageverfahren durch private Kapitaldeckung ergänzt werden kann und sollte.

b) Kreis der Versicherten: Ist die Grundentscheidung zugunsten des Umlageverfahrens gefallen, dann genügt nur die Einbeziehung der gesamten Wohnbevölkerung den Leitlinien intragenerativer Gerechtigkeit, Effizienz und Nachhaltigkeit. Weil im Umlageverfahren jede Generation eine Last zu tragen hat, der Gewinne früherer Generationen gegenüberstehen, ist nicht einzusehen, warum bestimmte Bevölkerungsteile ausgenommen werden sollten. Dieser Gedanke spricht gegen Privilegien für bestimmte Berufsgruppen, die sich dem Umlageverfahren durch Eintritt in eine berufsständische Versorgung entziehen können. Unternehmer, Selbständige, Rentiers und Beamte sollten ebenfalls in die Versicherungspflicht einbezogen werden. Bei den Beamten, die bisher implizit über den Staatshaushalt versichert waren, ist die Besoldung zum Zeitpunkt der Einbeziehung in die Versicherungspflicht um den Beitrag zur GRV aufzustocken, und zwar um den Gesamtbeitrag, da die Arbeitgeberbeiträge aus den oben genannten Gründen entfallen.

c) Leistungen: Das Alterssicherungssystem sollte wie bisher sowohl Erwerbsunfähigkeitsrenten umfassen, die bis zum Erreichen der Regelaltersgrenze gezahlt werden, als auch Altersrenten im eigentlichen Sinn. In beiden Fällen gibt es prinzipiell vier Optionen, nämlich:

– bedürftigkeitsgeprüfte Rente,

– einheitliche Grundrente,

– beitragsabhängige Monatsrente (Status quo) oder

– beitragsabhängige Lebensrente.

Die beiden ersten Optionen zielen auf die Sicherung des Existenzminimums und unterscheiden sich nur darin, ob eigenes Einkommen angerechnet wird (bedürftigkeitsgeprüfte Rente) oder nicht (Grundrente). Beiden Alternativen ist gemein, daß Beiträge und Rente beziehungslos nebeneinander stehen. Daher werden die Beiträge in voller Höhe als Steuern empfunden, was bedeutet, daß sie erhebliche Verzerrungen auf dem Arbeitsmarkt sowie legale und illegale Widerstände auslösen.

Bei der dritten und vierten Option folgt die individuelle Rente dem zuvor gezahlten Beitrag, so daß ein erheblicher Teil der Beiträge keinen Steuercharakter hat. Der damit verbundene Effizienzvorteil beruht allerdings entscheidend darauf, daß die Versicherten den Beitragsbezug der Renten tatsächlich erkennen, und manche öffentliche Diskussion um die „Lohnnebenkosten" läßt befürchten, daß dies nicht der Fall ist. Werden die Rentenversicherungsbeiträge aber in voller Höhe als Steuern wahrgenommen, dann ist ein schrittweiser Ausstieg aus dem Umlageverfahren möglich, wobei niemand schlechtergestellt wird und alle der Abschaffung des Umlageverfahrens folgenden Generationen bessergestellt werden.

Freilich würde ein solcher Ausstieg, wie in der Literatur gezeigt, eine vorübergehende Zunahme der Staatsverschuldung bedingen, weil die im Umlageverfahren enthaltene Schuld aufgedeckt wird. Die entstehende explizite Staatsschuld in Höhe mehrerer Billionen Euro wäre in keiner Weise mit dem Europäischen Stabilitätspakt in Einklang zu bringen. Man mag zwar kritisieren, daß der Europäische Stabilitätspakt nur die explizite Staatsschuld und nicht die im Umlageverfahren enthaltene implizite Verschuldung reguliert. Solange der Pakt aber gilt, sind Ausstiegsszenarien des hier skizzierten Typs nicht umsetzbar.

d) Form der Rentenzahlungen: Geht die Rente über eine reine Grundsicherung hinaus, kann sie in zwei Formen ausgezahlt werden:

- Leibrente (Status quo) oder
- Leibrente in Höhe des Existenzminimums plus Einmalzahlung der darüber hinausgehenden Anwartschaft bei Renteneintritt.

Eine Leibrente in Höhe des Existenzminimums sichert die Altersphase ab und erübrigt weitere Zahlungen des Staates. Wegen der zusätzlichen Einmalzahlung besteht ein Bezug zwischen Leistung und Gegenleistung im Sinne der Teilhabeäquivalenz. Der einzelne kann den erhaltenen Einmalbetrag durchaus zum Kauf einer privaten Leibrente verwenden. Weil Versicherungsunternehmen eine Risikotarifierung vornehmen und die Höhe der monatlichen Leibrente nach der Lebenserwartung bemessen, werden Personen mit hoher Lebenserwartung im Vergleich zum Status quo schlechtergestellt und Personen mit niedriger Lebenserwartung bessergestellt. Diese Alternative erhöht die Handlungsmöglichkeiten bei unvollkommenen Kapitalmärkten und steht eher im Einklang mit der Maxime intragenerativer Gerechtigkeit. Gleichwohl kann sie nicht empfohlen werden, weil der Staat im Übergangsprozeß Schulden von mehreren hundert Milliarden Euro aufnehmen müßte, um die Einmalzahlungen zu finanzieren. Zwar wird dabei lediglich implizite Staatsschuld in explizite Staatsschuld verwandelt, doch reguliert der Europäische Stabilitätspakt, wie schon unter c) bemerkt, allein die explizite Staatsschuld, und diese wichtige Nebenbedingung ist bei allen Reformen zu beachten.

e) Rentenanpassung. Bei umlagefinanzierten Alterssicherungssystemen, die Leistungen oberhalb des Existenzminimums vorsehen, stellt sich die Frage, in welchem Umfang die jeweilige Rentnergeneration an der allgemeinen Einkommensentwicklung und damit auch an den demographischen und wirtschaftlichen Risiken teilhaben soll. Idealtypisch bestehen zwei Möglichkeiten der Rentenanpassung:

−   Fixierung des Rentenniveaus oder

−   Fixierung des Beitragssatzes.

Im ersten Fall wird das Rentenniveau − also das Verhältnis von Durchschnittsrente und durchschnittlichem Einkommen der Beschäftigten − festgehalten. Jeder Rückgang der Beschäftigung aufgrund der Geburten- oder der Arbeitsmarktentwicklung bedingt einen Anstieg des Beitragssatzes, so daß alle demographischen und wirtschaftlichen Risiken von den jeweils Beschäftigten getragen werden. Im zweiten Fall verhält es sich umgekehrt: Bei einem Beschäftigungsrückgang fällt die Rentenanpassung geringer aus oder kann sogar im Einzelfall negativ werden. Das Rentenniveau ist hierbei a priori unbestimmt, aber die Rendite auf die eingezahlten Beiträge entspricht stets der Wachstumsrate der Lohnsumme.

Selbstverständlich sind vielfältige Zwischenformen dieser beiden Idealtypen denkbar. Wichtig erscheint aber der Hinweis, daß eine gleichzeitige Fixierung des Rentenniveaus und des Beitragssatzes logisch unhaltbar ist. Die Rentenreform 2001 bedeutet ein unklares Lavieren zwischen den beiden Optionen, weil der Gesetzgeber sowohl eine Untergrenze für das Rentenniveau als auch eine Obergrenze für den Beitragssatz festgeschrieben hat. Die Festschreibung beider Grenzen mag vordergründig beruhigen, sie löst aber nicht die tatsächlichen Probleme.

Unter dem Gesichtspunkt der Nachhaltigkeit und der intergenerativen Gerechtigkeit ist ein System mit fixiertem Beitragssatz eindeutig vorzuziehen. Weil die Beiträge virtuell mit der Wachstumsrate der Lohnsumme verzinst werden, erlaubt der fixierte Beitragssatz darüber hinaus die Einrichtung individueller Rentenkonten mit Ausweis des Guthabens in jedem Jahr. Dies stärkt die Transparenz des Systems und läßt die Versicherten den überwiegenden Beitrags- statt Steuercharakter ihrer Zahlungen erkennen.

f) Hinterbliebenensicherung: Hinsichtlich der Sicherung von Witwern und Witwen gibt es folgende Gestaltungsoptionen:

- Zahlung gekürzter und bedürftigkeitsgeprüfter Renten an Hinterbliebene bei Garantie des eigenen Anspruchs des Versicherten (Status quo),

- obligatorisches Splitting der Ansprüche beim Tod des ersten Partners oder

- sofortiges Splitting der Ansprüche Verheirateter.

Nur die letztgenannte Option sichert Verteilungsgerechtigkeit zwischen Ledigen einerseits und Verheirateten andererseits. Hierbei wird jede von Ehegatten erworbene Anwartschaft sofort, also im Jahr der Beitragszahlung, den beiden Ehegatten je zur Hälfte gutgeschrieben. Damit bauen Ehegatten ihre Rentenansprüche entweder durch eigene Beiträge oder durch Beiträge ihres Partners auf. Eine darüber hinausgehende Hinterbliebenensicherung kann durch private Risikolebensversicherungen erfolgen.

g) Berücksichtigung von Kindern: Hier gibt es folgende Möglichkeiten:

- Staffelung des Beitragssatzes nach der Kinderzahl,

- Erziehungszeiten usw. im Leistungsrecht (Status quo) oder

- Ausgliederung der Familienförderung in das Steuer-Transfer-System.

Das Bundesverfassungsgericht hat eine Prüfung der erstgenannten Option gefordert, aber die genaue Form der Begünstigung von Familien offengelassen. Aus den weiter oben genannten Gründen ist die Ausgliederung der Familienförderung in das allgemeine Steuer-Transfer-System sachgerecht. Gegenüber dem Status quo hat die Ausgliederung den weiteren Vorteil, daß die Transfers den Eltern zum Zeitpunkt der Entstehung zugute kommen, und nicht erst Jahrzehnte später. Bei unvollkommenen Kreditmärkten macht dies einen Unterschied: Früh gezahlte Transfers nutzen den Familien bei gleicher fiskalischer Belastung mehr als spätere Leistungen.

h) Sonstige Anrechnungszeiten: Alle übrigen Anrechnungszeiten stellen stets eine Abweichung vom Prinzip der Teilhabeäquivalenz dar. Sie verringern damit die Effizienz und Transparenz des Systems und sollten deshalb komplett entfallen.

i) Bemessungsgrundlage: Erstens ist zur klären, ob nur das Arbeitseinkommen oder alle Einkommensarten beitragspflichtig sein sollten. Die

Entscheidung ist nicht unabhängig von der Abgrenzung des Kreises der Versicherten, weil Arbeitseinkommen etwa bei Unternehmen oder Selbständigen nur schwer zu ermitteln sind. Daher bietet es sich an, in diesem Punkt dem Beispiel der Schweiz zu folgen und alle Einkunftsarten in die Beitragspflicht einzubeziehen. Die Bemessungsgrundlage würde also der Summe der Einkünfte im Sinne des Einkommensteuergesetzes entsprechen.

Zweitens sollte weiterhin eine Beitragsbemessungsgrenze bestehen. Eine proportionale Belastung auch hoher und höchster Einkommen wäre mit dem Grundsatz der Souveränität und Eigenverantwortung unvereinbar. Unter Verteilungsgesichtspunkten ist die Beitragsbemessungsgrenze ohnehin weniger wichtig, wenn die Leistungen nach dem Prinzip der Teilhabeäquivalenz bemessen werden.

j) Bundeszuschuß: Im Augenblick der Einbeziehung aller Einkommensarten in die Versicherungspflicht wachsen die Beitragseinnahmen stark an. Der entstehende finanzielle Spielraum sollte zu einer schrittweisen Senkung des Bundeszuschusses genutzt werden, keinesfalls zu einer Leistungsausweitung. Dieser Vorschlag ist nicht so revolutionär wie es zunächst scheinen mag. Schließlich wurde der Bundeszuschuß mit versicherungsfremden Leistungen begründet und mit dem Ziel, daß auch nicht Pflichtversicherte zur Finanzierung der Lasten der Vergangenheit herangezogen werden. In einem System mit Teilhabeäquivalenz, also ohne versicherungsfremde Leistungen, das zudem die gesamte Wohnbevölkerung umfaßt, hat ein Bundeszuschuß keine sinnvolle Funktion mehr, und sein schrittweiser Wegfall macht die gesamtwirtschaftlichen Kosten der Alterssicherung transparent.

k) Renteneintrittsalter: Die Diskussion über das Renteneintrittsalter wird bisweilen mit großer Schärfe geführt. Das sollte nicht sein, wenn man bedenkt, daß in Gegenwart von Zu- oder Abschlägen jede Heraufsetzung des Rentenalters einer Kürzung des Rentenniveaus entspricht. Eine Ankündigung, das Renteneintrittsalter schrittweise zu erhöhen, ist daher nicht bedrohlicher als die Einführung eines demographischen Faktors oder einer anderen Maßnahme zur Begrenzung des Rentenanstiegs.

Werden die Beiträge zum Umlageverfahren, wie oben vorgeschlagen, mit der Wachstumsrate der Lohnsumme verzinst und individuell auf Konten gutgeschrieben, dann liegt es nahe, auch die Abschläge bei vorzeitigem Renteneintritt mit diesem Diskontfaktor zu berechnen. Unter dem Gesichtspunkt der Souveränität und Eigenverantwortung ist die Freiheit des einzelnen, den Zeitpunkt des Ausscheidens aus dem Berufsleben selbst zu bestimmen, wichtiger als die konkrete Ausgestaltung der Abschläge. Daher sollte im Rahmen der Alterssicherung lediglich ein Standard-Austrittsalter zur rechnerischen Bestimmung der Abschläge festgesetzt und die so gewonnene Flexibilität auch arbeitsrechtlich flankiert werden. Sowohl ein Verbot frühen Ruhestands als auch eine Zwangsverrentung beeinträchtigen die individuelle Freiheit einschneidend und ohne gesamtwirtschaftlichen Nutzen.

l) Organisation des Alterssicherungssystems: Das gegenwärtig nach Berufsgruppen gegliederte System bezieht seine Existenzberechtigung hauptsächlich aus den unterschiedlichen Finanzierungsformen der berufsständischen Versorgungswerke einerseits und der GRV andererseits. Die Gliederung der GRV in die Bundesversicherungsanstalt für Angestellte, die Landesversicherungsanstalten und weitere Träger hat hingegen bereits heute keine Bedeutung mehr, sieht man einmal von den Besonderheiten der Knappschaft ab, weil das Beitrags- und Leistungsrecht vereinheitlicht wurden.

Aufgrund der Eigenart des Umlageverfahrens ist ein Wettbewerb zwischen verschiedenen Rentenversicherungsträgern nicht möglich, denn das Wettbewerbsgleichgewicht wäre höchst fragil: Unabhängig davon, ob der Beitragssatz oder das Rentenniveau fixiert ist, würde eine leistungsschwächere Versicherung Beitragszahler verlieren, was sie zu Rentenminderungen oder Beitragssatzerhöhungen zwänge und damit eine Abwärtsspirale in Gang setzte, die mit dem partiellen Systemzusammenbruch enden oder ein Beispringen des Staates erfordern würde. Unter diesem Aspekt ist eher der umgekehrte Weg, nämlich eine Verwaltungsstraffung durch Zusammenlegung von Rentenversicherungsträgern, empfehlenswert.

m) Behandlung privater Vorsorge: Schließlich ist zu fragen, ob ergänzende private Vorsorge gefordert oder gefördert werden sollte. Die Optionen lauten:

– obligatorische ergänzende Vorsorge,

– Subventionen für ergänzende Vorsorge oder

– neutrale Behandlung ergänzender Vorsorge.

Sieht das umlagefinanzierte Pflichtsystem eine Mindestrente vor, scheidet die erste Option offenkundig aus. Anders verhält es sich bei Teilhabeäquivalenz, weil hierbei nicht ausgeschlossen werden kann, daß einige Ältere aufgrund kurzer Beitragszeiten oder niedriger Beiträge im Alter bedürftig werden. Ein aufgesatteltes Obligatorium würde dieses Problem aber nicht lösen, weil niedrige Beiträge auf niedrigen Einkommen beruhen und auf diese wegen der notwendigen Verschonung des Existenzminimums nicht zugegriffen werden darf. Von einer Subvention ist in diesem Fall noch weniger zu erwarten. Vielmehr läßt ein richtig ausbalancierter Beitragssatz zum Umlageverfahren erwarten, daß Bedürftigkeit im Alter eher selten auftritt und nur punktuell vom Sozialstaat beseitigt werden muß.

Gegen obligatorische ergänzende Vorsorge spricht deren freiheitsbeschränkender Charakter, gegen Subventionen sprechen die daraus resultierenden Verletzungen der Verteilungsgerechtigkeit, wie im vorigen Abschnitt ausgeführt. Daher erscheint die dritte Option entschieden vorzugswürdig.

4. Das anzustrebende System

Zusammengefaßt hat das vorgeschlagene System der Alterssicherung in Deutschland folgende Merkmale: Es handelt sich um ein *Umlageverfahren*, in dem die *gesamte Wohnbevölkerung* pflichtversichert ist. Alters-, Erwerbsunfähigkeits- und Waisenrenten werden nach dem Prinzip der *Teilhabeäquivalenz* berechnet und als *Leibrenten* ausgezahlt; sie richten sich weder nach der Kinderzahl noch nach den bisherigen Anrechnungstatbeständen. Das allgemeine Rentenniveau folgt der demographischen und wirtschaftlichen Entwicklung bei einem *fixierten Beitragssatz*. Beiträge von Ehegatten werden unmittelbar je zur Hälfte gutgeschrieben (*Ehegattensplitting*), eine darüber hinausgehende Hinterbliebenensicherung gibt es nicht. *Bemessungsgrundlage* der Beiträge ist die Summe der Einkünfte im Sinne des Einkommensteuergesetzes bis zu einer Bemessungsgrenze. Die *Arbeitgeberanteile* entfallen, die Löhne werden entsprechend heraufgesetzt. Der *Bundeszuschuß* wird schrittweise abgeschafft. Die Versicherten können das *Renteneintrittsalter* weitgehend frei wählen; es gibt Zu- oder Abschläge für späteren oder früheren Renteneintritt. Für jeden Versicherten wird ein eigenes *Versichertenkonto* eingerichtet und werden die Beiträge grundsätzlich mit der Wachstumsrate der Bemessungsgrundlage verzinst. Durch *Zusammenlegung von Rentenversicherungsträgern* wird die Verwaltungseffizienz des Systems erhöht. *Private Altersvorsorge* bleibt in das Belieben der Bürger gestellt; sie wird vom Staat weder erzwungen noch subventioniert.

5. Umsetzung der Reform

Ab dem 1. Januar 2005, dem angenommenen Inkrafttreten der Reform, verschmelzen die verschiedenen Träger der GRV, so daß künftig eine einheitliche GRV besteht, in der die gesamte Wohnbevölkerung versichert ist. Die hiermit verbundene erhebliche Ausweitung des Kreises der Versicherten wirft folgendes grundsätzliches Problem auf: Bei jeder Einführung oder Ausweitung eines Umlageverfahrens entsteht ein Einführungsgewinn, weil die Beiträge sofort und die hierauf beruhenden Renten erst später gezahlt werden. Eine Verwendung des Einführungsgewinns zur Ausweitung der Leistungen würde die Nachhaltigkeit des Systems gegenüber dem Status quo nicht stärken, sondern schwächen.

Daher darf der Einführungsgewinn nicht dazu dienen, die Leistungen der GRV auszuweiten; vielmehr sollte der Bundeszuschuß Schritt für Schritt im Umfang der neu entstehenden Beitragszahlungen gesenkt werden. Dies ist sachgerecht, da der bisherige Bundeszuschuß auf den Ausgleich sogenannter versicherungsfremder Leistungen abzielt und es derartige Leistungen – also Rentenzahlungen, die nicht auf früheren Beiträgen beruhen – im neuen System nicht gibt. Weil die GRV nach Abschluß des Übergangsprozesses die gesamte Wohnbevölkerung umfaßt, ergibt es keinen Sinn, sie sowohl durch Beiträge als auch durch Steuern zu finanzieren. Folglich ist langfristig eine Senkung des Bundeszuschusses bis auf Null anzustreben, so daß der Beitragssatz hernach die vollständigen gesellschaftlichen Kosten der Alterssicherung transparent macht.

Darüber hinaus sollte die Reform ein Höchstmaß an Vertrauensschutz für die betroffene Generation bieten; dies ist auch aus verfassungsrechtlichen Gründen geboten. Der Übergangsprozeß wird daher durch folgende Sonderregelungen komplettiert:

a) Beamte sind bereits jetzt in ein virtuelles Umlageverfahren einbezogen, das freilich nicht über einen gesonderten Parafiskus, sondern über den allgemeinen Staatshaushalt abgewickelt wird. Hierbei sollte es für Beamte, die vor dem 1. Januar 2005 ernannt wurden, bleiben. Bereits ernannte Beamte und Versorgungsempfänger erhalten somit Pensionen nach geltendem Recht, was nicht ausschließt, daß die Pensionshöhe – wie schon in der Vergangenheit – ständig an die demographischen Gegebenheiten angepaßt wird, um eine weitgehende Gleichbehandlung mit den Mitgliedern der GRV zu erreichen. Demgegenüber werden alle neu zu ernennenden Beamten Mitglieder der GRV. Sie erhalten denselben Versicherungsschutz wie alle übrigen Bürger und zahlen dieselben Beiträge. Für diese Beamten wird die Bruttobesoldung um den Gesamtbeitrag zur GRV erhöht, weil der Arbeitgeberbeitrag entfällt. Während der Übergangszeit gibt es daher zwei getrennte Besoldungstabellen für Altbeamte und Neubeamte.

b) Unternehmer und Selbständige einschließlich Rentiers werden ab dem 1. Januar 2005 Mitglieder der GRV. Sie zahlen den einheitlichen Beitragssatz auf die Summe der Einkünfte, und zwar nach dem üblichen Schema der Vorauszahlungen mit nachträglicher Endabrechnung. Ältere Personen dieser Gruppe werden aufgrund der Teilhabeäquivalenz meist nur geringe Rentenansprüche erwerben, doch steht diesen aufgrund der langen früheren Tätigkeit im Normalfall ein hohes privates Sicherungsniveau gegenüber.

Ein Sonderproblem stellen die berufsständischen Versorgungswerke dar, sofern deren Leistungen zum Teil umlagefinanziert waren. Kapitalgedeckte Ansprüche gegen die Versorgungswerke unterliegen selbstverständlich dem Eigentumsschutz und kommen den Versicherten in vollem Umfang zugute. Soweit allerdings ein Versorgungswerk die Leistungen umlagefinanziert hatte, kann es das Leistungsniveau nach Wegfall der Beitragspflicht nicht halten (und die Pflicht zur Abführung von Beiträgen an das Versorgungswerk muß wegfallen, weil die Mitglieder sonst doppelt versicherungspflichtig wären). Dies ist nichts anderes als das bekannte Problem der „letzten Generation" eines Umlageverfahrens. Um Härten für die Betroffenen zu vermeiden, sollten sie einen ergänzenden Anspruch gegen die GRV erhalten, der ihnen das Leistungsniveau der ständig in der GRV Versicherten garantiert. Unter dieser Voraussetzung sind sie zwar nicht besser-, aber auch nicht schlechtergestellt als die übrige Bevölkerung.

c) Hinterbliebene Ehegatten erhalten im neuen System keine gesonderten Leistungen. Aus Gründen des Vertrauensschutzes darf jedoch in Bestandsrenten nicht eingegriffen und sollte für ältere Personen ein gleitender Übergang geschaffen werden, damit sie ausreichend Zeit für ergänzende Vorsorge haben. Hiervon abgesehen wird das Ehegattensplitting sofort eingeführt.

d) Anrechnungszeiten gibt es im neuen System nicht, aber auch hier gilt ein entsprechender Schutz für Bestandsrenten. Für Kinder, die nach dem 1. Januar 2005 geboren wurden, werden keine Anrechnungszeiten gewährt, sondern ein erhöhtes Kindergeld.

e) Staatliche Förderung privater Vorsorge: Diese wird für bereits abgeschlossene Verträge nach unverändertem Recht gezahlt und fällt darüber hinaus ersatzlos weg.

V Kranken- und Pflegeversicherung

Die Risiken, krank oder pflegebedürftig zu werden, sind derzeit im Rahmen eines Systems abgesichert, das aus der Gesetzlichen Krankenversicherung (GKV) und Sozialen Pflegeversicherung (SPV) einerseits und privaten Krankenversicherungen (PKV) andererseits besteht. Im Vergleich zur Sozialhilfe oder Alterssicherung sind Gesundheitsrisiken erheblich komplexer, denn es ist nicht nur das Niveau des Versicherungsschutzes zu bestimmen, sondern auch dessen Struktur. Während Sozialhilfe und Alterssicherung hauptsächlich ungebundene Geldleistungen bieten, erhalten die Versicherten bei Krankheit oder Pflegebedürftigkeit im wesentlichen gebundene Leistungen, und zwar unabhängig davon, ob formal das Kostenerstattungs- oder das Sachleistungsprinzip gilt.

Im folgenden wird zunächst gezeigt, was die eingangs genannten Leitlinien für diesen Bereich der sozialen Sicherung bedeuten. Anschließend werden die Probleme des heutigen Systems analysiert und prinzipiell sinnvolle Gestaltungsmöglichkeiten aufgezeigt. Diese Überlegungen münden in einen konkreten Vorschlag für das langfristig anzustrebende System der Kranken- und Pflegeversicherung. Hinweise zur Umsetzung des Vorschlags beschließen das Kapitel.

1. Anwendung der Leitlinien

a) *Souveränität und Eigenverantwortung* sind im Bereich Krankheit und Pflegebedürftigkeit besonders wichtige Gesichtspunkte, weil es – wie eingangs betont – hier nicht nur um das Niveau des Versicherungsschutzes geht, sondern auch um dessen Struktur. Souveränität und Eigenverantwortung bedingen, daß die Versicherten nach ihren eigenen Vorstellungen zwischen alternativen Angeboten wählen können. Unter diesem Gesichtspunkt ist ein Versicherungssystem mit konkurrierenden Krankenkassen – gleichviel, ob sie öffentlich oder privat organisiert sind – einer Einheitsversicherung überlegen. Versicherte und Patienten gewinnen an Souveränität, wenn sie zwischen verschiedenen Anbietern wählen können, statt als Bittsteller auf eine Einheitskasse oder einen monolithischen Kassenblock verwiesen zu sein. Zwar könnte auch eine Einheitskasse alternative Tarife zur Wahl stellen, aber ein Zwang zur Ausrichtung des Angebots an den Wünschen der Menschen besteht allein bei Wettbewerb. Der Wettbewerb erübrigt zudem paternalistische Diskussionen über das vermeintliche Patientenwohl.

Zur Souveränität und Eigenverantwortung des einzelnen gehört auch, den Gesundheitszustand und die Lebenserwartung durch eigenes Verhalten zu beeinflussen, etwa durch Gesundheitsförderung oder Prävention, und einen dazu passenden Versicherungsschutz zu wählen. Die Gesundheitsausgaben sind daher teilweise verhaltensabhängig, und das Gesundheitssystem sollte diese Verhaltensabhängigkeit berücksichtigen, statt über staatliche Gebote und Verbote in einen „Healthism" abzugleiten, der mit dem Anspruch einer Ersatzreligion bestimmte Verhaltensweisen vorschreibt. Argumente für staatliches Handeln im Gesundheitswesen, die auf angeblicher Kurzsichtigkeit, mangelnder Information oder schlicht Dummheit der Menschen beruhen, widersprechen dem Bild vom mündigen Bürger und sind daher abzulehnen.

b) Subsidiarität staatlichen Handels bedeutet, daß die Entscheidungen über Gesundheitsausgaben und deren Versicherung vorrangig beim Individuum oder Haushalt liegen und höhere gesellschaftliche Ebenen – Verbände, größere Gruppen oder staatliche Instanzen – nur dann eingreifen, wenn es hierfür eine besondere Rechtfertigung gibt. Auf mögliche Rechtfertigungen gehen die beiden folgenden Abschnitte ein.

c) Verteilungsgerechtigkeit: Schon bei Geburt unterscheiden sich die Menschen hinsichtlich ihres „Gesundheitskapitals": Der Erwartungswert der künftigen Krankheits- und Pflegekosten und der Erwartungswert des Todeszeitpunktes differieren erheblich. Folglich besteht von Anfang an ein unterschiedliches Interesse an Krankenversicherungsleistungen. Vertragstheoretisch dürfen derartige Unterschiede nicht berücksichtigt werden, weil sie bedeuten, daß der Schleier der Ungewißheit bereits ein Stück weit gelüftet wurde. Vielmehr geht es darum, eine faire Lösung zu finden, die bei vollständiger Ungewißheit über den künftigen eigenen Gesundheitszustand gewählt würde.

Die Eigenschaften dieser Lösung hängen offensichtlich von der unterstellten Risikopräferenz ab, was zwei extreme Annahmen verdeutlichen, die zugleich den Lösungsbereich abgrenzen. Ein vollständig risikoscheues Individuum, das die Gefahr eines schlechten Gesundheitszustands fürchtet, dürfte für eine Pflichtversicherung mit großzügigem Leistungskatalog plädieren, deren Prämien nicht vom Gesundheitszustand oder von Vorerkrankungen abhängen (*Diskriminierungsverbot*).

Dies gilt auch, wenn das Individuum erkennt, daß hierbei erhebliche Verzerrungen und Verhaltensrisiken entstehen, die das Durchschnittseinkommen senken. Demgegenüber würde eine risikoneutrale Person aus den letztgenannten Gründen jede oktroyierte Versicherung ablehnen, wobei dahingestellt bleiben mag, ob sie sich nach Lüftung des Schleiers in gewissem Umfang freiwillig versichert.

Wenn man realistisch unterstellt, daß die Individuen hinter dem Schleier der Ungewißheit begrenzt risikoscheu sind, gebietet die Vertragstheorie einen zumindest teilweisen Ausgleich jener Einkommensunterschiede, die auf differierenden angeborenen Krankheitsrisiken beruhen. Das geeignete Instrument hierfür ist eine allgemeine Versicherungspflicht mit Kontrahierungszwang und Diskriminierungsverbot auf Seiten der Anbieter. Hierdurch werden die Folgen der angesprochenen Unterschiede automatisch kompensiert, was alternativ nur durch ein kompliziertes Steuer-Transfer-System geschehen könnte, dessen Leistungen auf angeborene Unterschiede des Krankheitsrisikos bzw. die daraus resultierenden Prämienbelastungen konditioniert sind.

Ohne einen obligatorischen Leistungskatalog würde die Versicherungspflicht freilich ins Leere laufen, deshalb ist ein solcher unabdingbar. Im Hinblick auf die Leitlinien der Souveränität und Eigenverantwortung sollte der Leistungskatalog aber möglichst eng umgrenzt werden und sich auf objektivierte, professionell oder wissenschaftlich fundierte Gesundheitsbedarfe beschränken. Während eine allgemeine Versicherungspflicht und das Verbot, Beiträge nach Krankheitsrisiken zu differenzieren, vertragstheoretisch begründbar sind, gilt dies für zwei weitergehende Maßnahmen nicht, nämlich für ein Verbot der Selbstbeteiligung und für einkommensabhängige Beiträge.

Erstens erkennt selbst ein vollständig risikoscheuer Entscheider, daß die Abwesenheit von Selbstbeteiligung erhebliche Verhaltensrisiken auslöst: Der Anreiz zu gesundheitsbewußtem Verhalten wird gemindert (*ex ante Verhaltensrisiko*), und bei Eintreten einer Krankheit wird die maximale Behandlungsintensität verlangt (*ex post Verhaltensrisiko*). Weil diese Verhaltensrisiken jedes beliebig vorgegebene Gesundheitsbudget aufzuzehren drohen, kann eine gewisse Selbstbeteiligung entgegen dem ersten Anschein im wohlverstandenen Interesse auch extrem risikoscheuer Individuen liegen.

Zweitens präjudiziert der vertragstheoretische Ansatz in keiner Weise, daß die Beiträge zur Kranken- und Pflegeversicherung vom Einkommen abhängen sollten. Richtig ist zwar, daß die Entscheider hinter dem

Schleier weder ihr künftiges Krankheitsrisiko noch ihr künftiges Einkommen kennen. Richtig ist auch, daß risikoscheue Entscheider beide Ungewißheiten mindern wollen. Weil das Einkommensrisiko aber bereits durch die Sozialhilfe und das allgemeine Steuer-Transfer-System aufgefangen wird, gibt es keinen Grund, die Umverteilung von gesund zu krank und von reich zu arm miteinander zu vermengen. Ganz im Gegenteil spricht das Transparenzgebot für eine Trennung dieser Aufgaben, so daß Einkommensumverteilung in der Krankenversicherung keinen Platz hat.

d) Effektivität und Effizienz: Diese Gesichtspunkte ziehen Teile der Literatur heran, um ausgehend von einem behaupteten Marktversagen staatliche Eingriffe in das Gesundheitswesen zu rechtfertigen. Genannt werden insbesondere externe Effekte, Kollektivgüter und asymmetrische Informationen. Externe Effekte und Kollektivgüter sind im Gesundheitswesen allerdings selten anzutreffen, und wo dies der Fall ist – etwa bei ansteckenden Krankheiten – wird das Problem durch eigenständige Instrumente gelöst, etwa das Bundesseuchengesetz.

Demgegenüber besteht in mehrfacher Hinsicht asymmetrische Information. Zunächst betrifft diese den Markt für Krankenversicherungen; asymmetrische Information könnte dort zu adverser Selektion und damit zu ineffizienten Gleichgewichten führen. Ob das der Fall ist, kann aber dahingestellt bleiben, weil die oben erörterte allgemeine Versicherungspflicht adverse Selektion ausschließt. Zweitens bestehen Informationsasymmetrien zwischen Patient und Arzt. Der Informationsvorsprung des Anbieters gegenüber dem Nachfrager ist aber kein besonderes Merkmal des Marktes für Gesundheitsdienstleistungen, sondern auf praktisch allen Märkten anzutreffen und unmittelbarer Ausfluß des Prinzips der Arbeitsteilung. Die Bereitschaft von Patienten, sich über Gesundheitsleistungen und Anbieter zu informieren, war noch nie so ausgeprägt wie heute; das belegt der wachsende Anteil der Gesundheitsinformationen in Zeitungen, Zeitschriften und anderen Medien. Zwar ließen sich Kompetenz und Entscheidungsfähigkeit der Patienten durch gezielte Informationen weiter steigern, doch spräche dies höchstens für eine verstärkte staatliche Informationstätigkeit, nicht für freiheitsbeschränkende Eingriffe.

Bis hier zusammengefaßt lassen sich staatliche Maßnahmen im Gesundheitswesen eher durch verteilungspolitische Argumente denn durch Effizienzargumente rechtfertigen. Eine allgemeine Versicherungspflicht zu Konditionen, die teilweise staatlich vorgegeben sind, induziert jedoch die weitere Aufgabe, Effizienz und Effektivität in diesem regulierten Bereich zu sichern. Dabei meint Effizienz das Verhältnis zwischen erbrachter Gesundheitsleistung und den bei ihrer Erstellung eingesetzten finanziellen Mitteln, während Effektivität im engeren Sinn das Verhältnis von Gesundheitsergebnis (*outcome*) und Gesundheitsleistung bezeichnet. Effektivität im weiteren Sinn umfaßt beide Aspekte und bezieht sich demnach auf das Verhältnis von Gesundheitsergebnis und Mitteleinsatz.

e) Nachhaltigkeit und Stabilität: Ähnlich wie die Alterssicherung können auch die Kranken- und Pflegeversicherung prinzipiell in Form des Umlageverfahrens oder des Kapitaldeckungsverfahrens organisiert werden. Derzeit verwendet die GKV das Umlageverfahren, bei dem alle Beiträge unverzüglich zur Finanzierung von Gesundheitsleistungen ausgeschüttet werden, während die PKV dem Kapitaldeckungsverfahren folgt und für ihre jüngeren Versicherten Altersrückstellungen bildet. Das umlagefinanzierte System unterliegt in stärkerem Ausmaß demographischen Risiken, doch ist der Unterschied zwischen Umlage und Kapitaldeckung weniger ausgeprägt als bei der Alterssicherung, weil auch jüngere Beitragszahler Leistungen in Anspruch nehmen und Ältere Beiträge zahlen.

Im Hinblick auf Nachhaltigkeit und Stabilität spielt neben dem Rückgang der Geburtenrate auch die zunehmende Lebenserwartung eine Rolle, weil Ältere mehr Gesundheitsleistungen pro Jahr beanspruchen als Jüngere. Der exakte Zusammenhang ist jedoch umstritten: Nach der sogenannten Medikalisierungsthese steigen Häufigkeit und Schwere von Erkrankungen mit steigendem Alter, so daß bei zunehmender Lebenserwartung sowohl die Zeitspanne hoher Nachfrage nach Gesundheitsleistungen als auch die Nachfrage pro Jahr wachsen. Demgegenüber geht die sogenannte Kompressionsthese davon aus, daß die Nachfrage nach Gesundheitsleistungen erst ein bis zwei Jahre vor dem Tod sprunghaft steigt. Das Ausgabenprofil wird hierbei nicht generell steiler, sondern nur nach hinten verschoben: Steigt die Lebenserwartung etwa um fünf Jahre, hat ein 85jähriger dasselbe Ausgabenniveau wie früher ein 80jähriger. Welche der beiden Thesen künftig höhere empirische Relevanz erreicht, hängt unter anderem von der Art des medizinischen Fortschritts ab. Weil ein wachsender Anteil Älterer für sich genommen geriatrische Forschung induziert, deuten die Anreize eher in Richtung der Medikalisierungsthese. Darüber hinaus gibt es Anzeichen, daß die Kompressionsthese eher bei der Oberschicht und oberen Mittelschicht zutrifft, die Medikalisierungsthese eher bei der Unterschicht und unteren Mittelschicht.

Während eine kapitalgedeckte Alterssicherung Zinsrisiken unterliegt, die bei langen Zeiträumen kaum ins Gewicht fallen, gibt es bei der Krankenversicherung zusätzliche Risiken in Form des medizinisch-technischen Fortschritts und dessen Wirkungen auf die Gesundheitsausgaben. Diese Risiken sind weitaus wichtiger als das Zinsrisiko, weshalb auch eine kapitalgedeckte Krankenversicherung ständig neu justiert werden muß, wenn sie langfristig funktionieren soll. Insgesamt bietet die kapitalgedeckte Krankenversicherung zwar gewisse Vorzüge gegenüber der Umlage, doch fallen diese im Vergleich zur Alterssicherung weniger ins Gewicht, weil mit dem medizinisch-technischen Fortschritt ein Unsicherheitsfaktor hinzukommt, der auf beide Systeme gleichermaßen einwirkt. Darüber hinaus kann ein bereits eingeführtes Umlageverfahren nicht ohne weiteres in ein Kapitaldeckungsverfahren verwandelt werden, wie im Kapitel zur Alterssicherung ausgeführt.

f) Rechts- und Planungssicherheit sind im Bereich der Kranken- und Pflegeversicherung nicht im gleichen Maße erreichbar und wichtig wie etwa bei der Alterssicherung. Dies liegt ebenfalls an der intrinsischen Unsicherheit über künftige Behandlungsmethoden, also am medizinisch-technischen Fortschritt. Weder staatliche noch private Versicherungen können vollständige Verträge anbieten, die genau spezifizieren, welche Arten von Behandlungskosten in Zukunft übernommen werden. Die hieraus folgende notwendige Unvollständigkeit der Verträge ist ein wesentliches Merkmal der Krankenversicherung.

g) Transparenz über Behandlungsabläufe, Leistungsqualitäten und Versicherungsbedingungen bildet eine notwendige Vorbedingung für souveränes und eigenverantwortliches Handeln. Erst sie versetzt Patienten und Versicherte in die Lage, zwischen Anbietern rational zu wählen und diese dadurch zur Steigerung von Effektivität und Effizienz zu veranlassen. Auf der Makroebene ist Transparenz hinsichtlich der gesamtwirtschaftlichen Wirkungen von Krankenbehandlung und Pflege wichtig; vor allem bei allfälligen Reformdiskussionen. Jede Vermischung verteilungspolitischer und effizienzorientierter Instrumente und Maßnahmen beeinträchtigt die Transparenz; dies gilt insbesondere, wenn mehrere staatliche Institutionen die Aufgaben gemeinsam übernehmen. Eine klare Trennung, die bestimmte Funktionen und Aufgaben jeweils besonderen Institutionen zuordnet, erhöht die Transparenz und dient damit auch allen übrigen Zielen.

* * *

Zwischen der Souveränität und Eigenverantwortung einerseits und der Verteilungsgerechtigkeit andererseits besteht ein ausgeprägter Zielkonflikt, weil erstere eine Versicherungspflicht mit obligatorischem Leistungskatalog ausschließt, während letztere sie verlangt. Hier kommt es darauf an, einen Mittelweg zu finden, indem der obligatorische Leistungskatalog auf notwendige Behandlungen beschränkt wird. Für darüber hinausgehende Maßnahmen können freiwillige Versicherungen angeboten werden. Ein Konflikt zwischen dem Verteilungsziel und dem Effizienzziel besteht bei der Bemessung von Selbstbeteiligungen: Dem Gedanken der Risikominderung entspricht die volle Kostenübernahme durch den Versicherer am besten, während die Eindämmung von Verhaltensrisiken für eine gewisse Selbstbeteiligung sprechen kann.

2. Probleme des heutigen Systems

In diesem Abschnitt wird gezeigt, an welchen Stellen das heutige System der Kranken- und Pflegeversicherung von den oben konkretisierten Leitlinien abweicht. Anschließend werden die Schnittstellen dieses Systems mit den übrigen Bereichen der sozialen Sicherung erörtert.

2.1 Krankenversicherung

a) Kreis der Versicherten: Die gesetzliche Krankenversicherung umfaßt Pflichtmitglieder und freiwillige Mitglieder. Versicherungspflichtig sind nach § 5 Sozialgesetzbuch V (SGB V) vor allem Arbeiter, Angestellte, Bezieher von Lohnersatzleistungen und Bezieher von Leistungen der GRV. Dabei sind jedoch Personen ausgenommen, deren Arbeitsentgelt die *Versicherungspflichtgrenze* übersteigt. Die Versicherungspflichtgrenze ist ein an die Lohnentwicklung gekoppelter Betrag, der 2002 bei monatlich 3.375 Euro lag und im Jahre 2003 diskretionär auf 3.825 Euro erhöht wurde. Die hiervon zu unterscheidende *Beitragsbemessungsgrenze* entsprach früher der Versicherungspflichtgrenze, liegt aber nunmehr darunter, nämlich bei 3.450 Euro. Beschäftigte, deren Einkommen die Versicherungspflichtgrenze übersteigt, sowie nicht Pflichtversicherte – insbesondere Unternehmer und Selbständige – können der GKV freiwillig beitreten oder eine private Versicherung abschließen. Familienangehörige, deren Gesamteinkommen ein Siebtel der monatlichen Bezugsgröße nach § 18 SGB V (im Jahre 2003: 340 Euro, 400 Euro bei Minijobs) nicht übersteigt, sind beitragsfrei mitversichert.

Arbeiter und Angestellte, die grundsätzlich der Versicherungspflicht in der GKV unterliegen, können bei Überschreiten der Versicherungspflichtgrenze aus der GKV austreten und sich damit deren Umverteilungsmechanismen entziehen. Eine solche Spielregel – nach der Personen mit mittleren Einkommen Zwangsbeiträge zahlen, während solche mit höheren Einkommen ein Wahlrecht besitzen – läßt sich aus einer vertragstheoretischen Sicht des Sozialstaats nicht herleiten. Unter dem Gesichtspunkt der Subsidiarität ist die Versicherungspflichtgrenze von 3.825 Euro zu hoch angesetzt, aus Umverteilungssicht zu niedrig. In den Niederlanden liegt die Versicherungspflichtgrenze noch erheblich niedriger, doch haben Beschäftigte, deren Einkommen die Grenze übersteigt, kein Wahlrecht, sondern müssen aus der Solidargemeinschaft ausscheiden. Abgesehen von den Niederlanden gibt es in Europa sonst nirgends eine Versicherungspflichtgrenze.

Die willkürliche Trennung der Versicherten in Personen, die einkommensabhängige Beiträge zahlen müssen, und Personen, die sich für risikoäquivalente Prämien entscheiden können, verletzt die Leitlinie der Verteilungsgerechtigkeit infolge zweifacher Risikoselektion: Erstens sind Personen mit Einkommen über der Versicherungspflichtgrenze regelmäßig nicht nur einnahmenseitig, sondern auch ausgabenseitig gute (also niedrige) Risiken, deren Abwanderung den verbleibenden Pflichtversicherten schadet. Zweitens dürfen diese Personen, wenn sie im Einzelfall etwa wegen zahlreicher Kinder oder einer Vorerkrankung schlechte (also hohe) Risiken darstellen, in der GKV verbleiben.

Beamte sind im Rahmen eines besonderen Systems versichert, das öffentliche Beihilfeleistungen mit einer privaten Teilversicherung verbindet. Die darauf beruhende Notwendigkeit, jeden Versicherungsanspruch zweifach zu prüfen, nämlich durch Beihilfestelle und Versicherung, verstößt klar gegen die Leitlinie der Effizienz.

b) Beitragsgestaltung: Die Beiträge zur GKV werden grundsätzlich proportional zum Arbeitsentgelt erhoben, und zwar bis zur Beitragsbemessungsgrenze. Weil die Beiträge nicht vom Alter abhängen, verteilt die GKV zwar in gewissem Umfang zwischen Alterskohorten um, doch zielt die Beitragsgestaltung vorrangig auf vertikale Umverteilung zwischen verschiedenen Einkommensschichten ab. Das Kernproblem dieses sogenannten „Solidarprinzips" besteht darin, daß es nicht aus einer vertragstheoretischen Sicht des Sozialstaats hergeleitet werden kann. Vielmehr handelt es sich um ein historisch gewachsenes Mixtum aus Elementen individueller Äquivalenz (Beiträge statt Steuern, Beitragsbemessungsgrenze) und Umverteilung (einkommensabhängige statt einheitliche Beiträge). Das Solidarprinzip ist kein theoretisch fundiertes oder fundierbares Paradigma, aus dem sich schlüssige Aussagen über die optimale Beitragsgestaltung herleiten ließen.

Vergleicht man die Beiträge zur GKV mit Prämien einer privaten Krankenversicherung, zeigen sich in distributiver Hinsicht vier charakteristische Unterschiede, nämlich Umverteilungen

– von niedrigen zu hohen Gesundheitsrisiken (Risikoausgleich),

– von hohen zu niedrigen Einkommen (Einkommensumverteilung),

– von Alleinstehenden zu Familien (Familienleistungsausgleich) und

– von Jungen zu Alten (Generationenausgleich).

Der Risikoausgleich ergibt sich aus der Tatsache, daß gesetzliche im Unterschied zu privaten Krankenversicherungen einem Kontrahierungszwang und Diskriminierungsverbot unterliegen. Diese Umverteilung wurde durch den bundesweiten kassenartenübergreifenden *Risikostrukturausgleich* (RSA) noch intensiviert, denn der RSA führte zu einer deutlichen Verminderung der Beitragssatzunterschiede. Der RSA und die einzelnen Träger der GKV grenzen zwei verschiedene, vertikal verschachtelte Ebenen von Solidargemeinschaften ab: Übergreifende Solidargemeinschaft ist die Menge aller gesetzlich Versicherten, weil etwa der Wechsel eines guten Risikos in die PKV nicht nur der abgebenden Kasse, sondern über den RSA allen Kassen bzw. Versicherten schadet. Unterhalb dieser Ebene bilden die Versicherten einzelner Kassen eigene Solidargemeinschaften, die sich nur durch unterschiedliche Beitragssätze und einige wenige Satzungsleistungen unterscheiden.

c) Beitragsbemessungsgrundlage und beitragsfreie Mitversicherung: Während bei Pflichtmitgliedern grundsätzlich das Arbeitsentgelt oder die empfangene Rente als Beitragsbemessungsgrundlage dienen, setzt die Beitragsbemessung bei freiwillig Versicherten am Gesamteinkommen an. Diese unterschiedliche Art der Beitragsbemessung führt zu vielfältigen Verstößen gegen die Leitlinie der Verteilungsgerechtigkeit. Man betrachte eine Familie A mit einem Arbeitsentgelt von 50 Prozent der Beitragsbemessungsgrenze der GKV, die außerdem über Mieteinnahmen in Höhe von 30 Prozent der Beitragsbemessungsgrenze verfügt. Familie B habe dasselbe Gesamteinkommen, das aber aus zwei Arbeitseinkommen von je 40 Prozent der Beitragsbemessungsgrenze bestehe. Obwohl die Gesamteinkommen annahmegemäß identisch sind, ergeben sich deutliche Unterschiede bei den Beiträgen, weil die Mieteinnahmen nicht in die Bemessungsgrenze einbezogen sind. Eine Familie

C wiederum, die dieselbe Einkommensstruktur wie Familie A hat, aber statt eines Arbeitsentgeltes Einkommen aus selbständiger Arbeit bezieht und freiwillig versichert ist, zahlt dieselben hohen Beiträge wie Familie B, weil die Mieteinnahmen nun zur Bemessungsgrundlage gehören.

Ähnlich hat die beitragsfreie Mitversicherung von Familienangehörigen Verteilungswirkungen, die sich nicht rechtfertigen lassen: Die Ehepartner D, die je ein monatliches Arbeitsentgelt in Höhe der Beitragsbemessungsgrenze von 3.450 Euro verdienen, zahlen doppelt so hohe Beiträge wie Familie E, bei der ein Ehepartner 6.900 Euro (oder auch 12.000 Euro) verdient und der andere gar nichts. Weil beide Familien dasselbe Gesamteinkommen haben und mit Ausnahme des Krankengeldes auch dieselben Leistungen der GKV erhalten, widersprechen diese Verteilungswirkungen jeder vertragstheoretisch fundierbaren Gerechtigkeitsvorstellung.

d) Intransparenz der Verteilungswirkungen: Die oben genannten Verteilungselemente – Risikoausgleich, Einkommensumverteilung, Familienleistungsausgleich und Generationenausgleich – sind hochgradig intransparent, überlagern sich gegenseitig und können bei einzelnen Versicherten gegenläufige Wirkungen entfalten. So ist ein Familienvater mit überdurchschnittlichem Arbeitsentgelt und einer vielköpfigen Familie mit einem chronisch kranken Kind bezüglich der Einkommensumverteilung Nettozahler und bezüglich des Risikoausgleichs Nettoempfänger. Wegen des komplizierten Zusammenwirkens der vier Umverteilungselemente bleibt der distributive Saldo unklar, oft sogar sein Vorzeichen.

Bei einer intertemporalen Betrachtung, die auf die gesamte Lebenszeit abstellt, ist die Intransparenz noch ausgeprägter, weil sich der Saldo der Teilwirkungen für einen bestimmten Versicherten im Zeitablauf ändert; beim Familienleistungsausgleich und Generationenausgleich ändert sich sogar dessen Vorzeichen im Zeitablauf fast zwangsläufig. Ein junges Mitglied der GKV entrichtet einen höheren als altersadäquaten Beitrag, um dann im Alter einen niedrigeren zu zahlen. Bleibt das Mitglied zeitlebens in der GKV und hat es eine durchschnittliche Lebenserwartung, fällt der Generationenausgleich bei gegebener demographischer Struktur und intertemporaler Betrachtung weg. Im Rahmen einer Längsschnittbetrachtung sind die Umverteilungswirkungen daher schwächer, als es bei einer zeitpunktbezogenen Betrachtung den Anschein hat.

Die Intransparenz ist kein bloß ästhetischer Mangel, sondern deshalb von Bedeutung, weil rationale Umverteilungssysteme, die sich vertragstheoretisch begründen lassen, klare Verteilungswirkungen haben müssen. Diese Forderung wird von der GKV auch deshalb nicht erfüllt, weil ihre Verteilungswirkungen neben die der übrigen Zweige der sozialen Sicherung und die des allgemeinen Steuer-Transfer-Systems treten. Auf diese Weise unterliegt ein Arbeitsentgelt von zum Beispiel 3.400 Euro einer höheren Grenzbelastung als ein Arbeitsentgelt von 10.000 Euro: Die Lohnsteuerbelastung ist im letzteren Fall zwar höher, aber die Gesamtbelastung nach Überschreitung der Beitragsbemessungsgrenze niedriger.

Ein zentraler Mangel der GKV besteht folglich darin, daß sie den Risikoausgleich – das Wesensmerkmal jeder Krankenversicherung – mit anderen Umverteilungsabsichten vermengt, die das allgemeine Steuer-Transfer-System weit zielgenauer erreichen könnte.

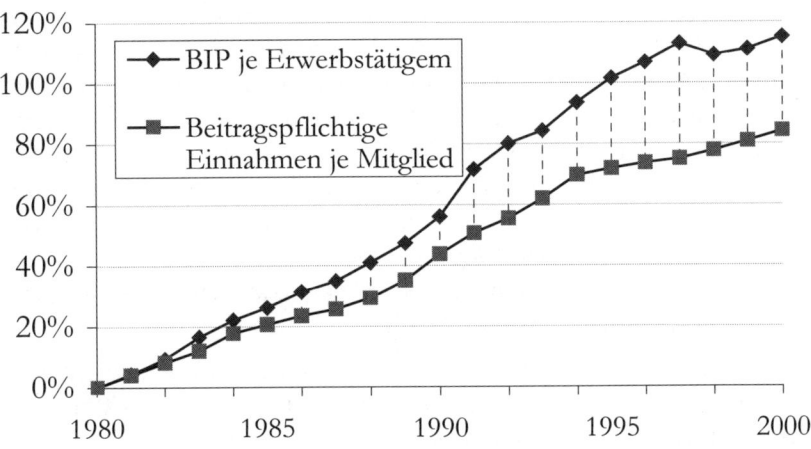

Abb. 6: Bruttoinlandsprodukt und Finanzierungsbasis der GKV

e) Wachstumsschwäche der Finanzierungsbasis: Finanzierungsbasis der GKV sind im wesentlichen die Arbeitseinkommen und die gesetzlichen Renten. Beide leiden seit Beginn der 1980er Jahre an einer Wachstumsschwäche. Abb. 6 zeigt die beitragspflichtigen Einnahmen pro Mitglied und das Bruttoinlandsprodukt pro Erwerbstätigen in ihrer Entwicklung seit 1980. Man erkennt, daß das Wachstum der beitragspflichtigen Einnahmen (Finanzierungsbasis) im betrachteten Zeitraum um rund 31 Prozent hinter dem allgemeinen Wachstum zurückbleibt. Eine Rech-

nung, die unterstellt, daß das Wachstum der Finanzierungsbasis mit
dem allgemeinen Wachstum Schritt gehalten hätte, verdeutlicht die
quantitative Bedeutung dieser Wachstumslücke: Diese Schätzung ergibt
fiktive Mehreinnahmen in Höhe von 18,2 Milliarden Euro im Jahre
2000, die eine Senkung des Beitragssatzes auf 11,6 Prozent erlaubt
hätten. Ein solcher Beitragssatz weicht nur geringfügig von den in
1980 bis 1984 geltenden Sätzen ab. Hochgerechnet auf das gesamte
Bundesgebiet betragen die fiktiven Mehreinnahmen rund 22 Milliarden
Euro.

Die Wachstumsschwäche der Finanzierungsbasis der GKV beruht auf
dem unterproportionalen Wachstum der Lohnsumme, auf einem leicht
zunehmenden Anteil der Rentner und auf diversen Verlagerungen von
Ausgabenverpflichtungen zwischen den Trägern der Sozialversicherung. Demgegenüber gingen vom zunehmenden Anteil freiwillig versicherter Mitglieder sogar stabilisierende Effekte aus.

Ein Blick auf die wichtigsten Einflußfaktoren läßt befürchten, daß das
unterproportionale Wachstum der Finanzierungsbasis noch auf absehbare
bare Zeit anhält. Hierzu zählen der Druck auf die Arbeitsentgelte in
den unteren Lohngruppen, veränderte Arbeitsverhältnisse und Berufs-
karrieren (etwa unterbrochene Beschäftigung, nicht versicherungs-
pflichtige Dienst- und Werkverträge), die Zunahme von nicht versicherungspflichtigen Teilen des Arbeitsentgelts, vor allem durch Entgeltumwandlung im Rahmen der betrieblichen Altersvorsorge, eine weitere
Flucht in Schwarzarbeit und legale Formen der Schattenwirtschaft wie
Nachbarschaftshilfe oder Eigenproduktion sowie eine höhere Lebenserwartung und damit Verrentungszeit.

Damit steht die GKV vor folgendem Dilemma: Entweder steigen die
Ausgaben mit derselben Rate wie das Bruttoinlandsprodukt – dann
nehmen die Beitragssätze zwangsläufig zu. Oder die Beitragssätze werden stabil gehalten – dann können die Ausgaben der GKV nur unter-
proportional wachsen. Im letzteren Fall dürfte die Entwicklung der
Einnahmen trotz noch nicht ausgeschöpfter Rationalisierungspoten-
tiale kaum ausreichen, um künftig die zentralen Herausforderungen wie
den medizinischen Fortschritt und den demographischen Wandel zu
bewältigen.

f) Mangelnde Nachhaltigkeit: Bei intergenerativer Betrachtung gefährdet
der demographische Wandel die Nachhaltigkeit der GKV, weil ein
sinkender Anteil Erwerbstätiger sowohl einen Rückgang der Beitragseinnahmen als auch eine Zunahme der Ausgaben induziert. Denn im

Vergleich zu Erwerbstätigen haben Rentner geringere beitragspflichtige Einnahmen und leiden häufiger an kostspieligen Erkrankungen. Verschiedene Schätzungen haben ergeben, daß die Veränderung des Altersaufbaus bis zum Jahre 2030 bzw. 2040 Beitragssätze erfordern, die um 2 bis 16 Prozentpunkte über den heutigen liegen. Die starken Unterschiede zwischen den Schätzungen beruhen darauf, daß manche den demographischen Effekt isolieren, während andere die wahrscheinlichen Wechselwirkungen mit anderen Einflußfaktoren berücksichtigen.

Weil sich Änderungen im Altersaufbau langsam vollziehen, stellt die demographische Komponente allein die GKV vor keine unüberwindlichen Probleme. Eine bedrohliche Gefährdung der Nachhaltigkeit ergibt sich erst in Kombination mit anderen Einflußfaktoren, vor allem dem medizinisch-technischen Fortschritt. Umgekehrt gefährdet der medizinisch-technische Fortschritt die Nachhaltigkeit schon für sich genommen, und zwar kurz- bis mittelfristig; er stellt also eine im Vergleich zur Demographie wichtigere Herausforderung dar. Ursache hierfür ist, daß in den letzten Jahrzehnten nicht (kostensenkende) Prozeßinnovationen, sondern (ausgabensteigernde) Produktinnovationen dominierten. Hierzu trug auch das Anreizsystem bei, das Produktinnovationen weit stärker fördert als Prozeßinnovationen. Unter diesem Aspekt erscheinen zeitlich unbegrenzte Leistungsversprechen gegenüber den Mitgliedern der GKV problematisch.

g) Leistungskatalog und implizite Rationierung: Mit Ausnahme des Krankengeldes sind die Leistungen der GKV unabhängig von den jeweiligen Beitragszahlungen. Nach den §§ 2, 11 und 12 SGB V hat jeder Versicherte denselben Anspruch auf wirksame, wirtschaftliche, notwendige, ausreichende und zweckmäßige Leistungen. Diese müssen nach § 2 Abs. 1 SGB V in Qualität und Wirksamkeit dem allgemeinen Stand der medizinischen Erkenntnisse entsprechen und den medizinischen Fortschritt berücksichtigen. § 70 SGB V ergänzt diese medizinisch-ethischen und ökonomischen Postulate durch die Forderungen, daß die Krankenbehandlung „bedarfsgerecht und gleichmäßig" sowie „human durch geeignete Maßnahmen" erfolgt.

Mithin definiert das Gesetz keinen Leistungskatalog in Form einer Positivliste mit abgegrenzten Leistungszusagen, sondern es gewährt den Versicherten einen sehr weitgehenden Leistungsanspruch und schränkt diesen nur abstrakt ein. So fordert § 2 Abs. 1 SGB V, daß die Krankenkassen nur Leistungen zur Verfügung stellen, soweit diese „nicht der Eigenverantwortung der Versicherten zugerechnet werden". Darüber hinaus hat der Gesetzgeber nur in wenigen Fällen Leistungen explizit ausgeschlossen – wie etwa Arznei-, Heil- und Hilfsmittel nach § 34 Abs. 1 SGB V – oder mit Selbstbeteiligungen belegt. Insgesamt signalisiert das Gesetz einen nach oben offenen Leistungsanspruch, dem Knappheiten nicht entgegen stehen.

Wenn aber über den üblichen Anstieg der Einnahmen hinaus finanzielle Freiräume für neue, effektive Behandlungsmethoden gewonnen werden sollen, muß der bestehende Leistungskatalog der GKV auf der Grundlage von Evaluationsergebnissen der Versorgungsforschung ständig auf den Prüfstand gestellt werden. Aus dieser Sicht überrascht, daß in Deutschland – anders als in vielen anderen europäischen Staaten – keine Diskussion über gesundheitspolitische Schwerpunkte und Prioritäten geführt wird. Dies dürfte am international vergleichsweise hohen Anteil der Gesundheitsausgaben am Bruttoinlandsprodukt liegen, der es bisher erlaubt hat, die unangenehme Frage der Schwerpunkt- und Prioritätensetzung zu umgehen. Budgetierungen und implizite Rationierungen, die vor allem im Bereich der Arzneimittelversorgung zunehmen, zeigen aber, daß hier ein Umdenken erforderlich ist.

Die Setzung von Schwerpunkten und Prioritäten zielt auf explizite Rationierungsentscheidungen an Stelle willkürlicher und impliziter Rationierungen ab. Implizite Rationierungen drohen, wenn die Politik Leistungseinschränkungen auf die Ärzte abwälzt. Hierbei werden Leistungen, auf die der Versicherte eigentlich einen gesetzlichen Anspruch hat, vorenthalten, was vorrangig schlecht informierte und durchsetzungsschwache Patienten trifft und das Vertrauensverhältnis zwischen Arzt und Patient belastet. Insofern verstoßen implizite Rationierungen gegen die Leitlinien der Verteilungsgerechtigkeit und der Transparenz. Allgemeine Leistungseinschränkungen sollte nicht der einzelne Arzt verantworten, sondern der Gesetzgeber.

Neben der fehlenden Schwerpunkt- und Prioritätensetzung weist die Leistungsgewährung folgende Schwachstellen auf: Erstens fristen Gesundheitsförderung und Prävention ebenso ein stiefmütterliches Dasein wie effektive Qualitätskontrolle, Zertifizierung von Gesundheitseinrichtungen und evidenzbasierte Behandlungsrichtlinien. Zweitens gehen von den medizinisch wie wirtschaftlich fragmentierten Behandlungsarten zu geringe Anreize für eine effektive Versorgung aus, die ambulante und stationäre Behandlung ebenso umfaßt wie Rehabilitation und Pflege. Alle Versuche, solche sektorenübergreifenden Kooperationen mit Hilfe von Strukturverträgen (§ 73a SGB V), Modellvorhaben (§§ 63 bis 65 SGB V) und integrierten Versorgungsformen (§§ 140a bis 140h SGB V) zu verbessern, scheiterten bisher trotz zunächst vielversprechender Ansätze an mangelnden finanziellen Anreizen für die Betreiber der Versorgungsnetze. Drittens orientieren sich die Vergütungssysteme kaum an gesundheitlichen Ergebnissen, sondern fördern Unter-, Über- und Fehlversorgungen. Viertens können Leistungsanbieter zu wenig mit speziellen Qualifikationen und Fertigkeiten um Patienten werben.

h) Selbstbeteiligungen ohne Steuerungsfunktion: Unter Selbstbeteiligung wird hier die unmittelbare Teilzahlung eines Patienten bei Inanspruchnahme einer Versicherungsleistung verstanden; sie hat eine Anreiz- und eine Finanzierungsfunktion. Die geltenden Regelungen zur Selbstbeteiligung widersprechen in vielen Fällen den Leitlinien der Effizienz und der Verteilungsgerechtigkeit. So führt etwa die prozentuale Selbstbeteiligung beim Zahnersatz dazu, daß Patienten mit höherem Einkommen, die sich im Rahmen der gesetzlichen Möglichkeiten eine aufwendigere Versorgung leisten, absolut höhere Erstattungen der GKV erhalten, während Patienten, die als sogenannte Härtefälle keine Zuzahlungen leisten, sogar in den Genuß der maximalen Erstattung und Versorgung kommen. Nach § 61 Abs. 2 SGB V beträgt die Einkommensgrenze für die Befreiung von Zuzahlungen im Jahre 2003 für Alleinstehende 40 Prozent der monatlichen Bezugsgröße in Höhe von 2.380 Euro, also 952 Euro.

Auch die packungsabhängigen Zuzahlungen für Arzneimittel und die Zuzahlungen für die ersten 14 Tage im Krankenhaus sind im Hinblick auf Effizienz und Verteilungsgerechtigkeit ungeeignet. Zudem entfallen nach § 62 Abs. 1 SGB V Zuzahlungen für Arznei-, Verband- und Heilmittel nach Ablauf des ersten Jahres für Versicherte, die sich wegen derselben Krankheit in Dauerbehandlung befinden und ein Jahr lang Zuzahlungen in Höhe von mindestens einem Prozent der jährlichen Bruttoeinnahmen geleistet haben. Ein Versicherter, der zum Beispiel ein Jahreseinkommen von 40.000 Euro hat und ein Jahr lang 400 Euro zuzahlte, bleibt demnach ad infinitum zuzahlungsfrei. Statt auf verteilungspolitisch relevante Faktoren wie Einkommen oder Vermögen abzustellen, setzt die Befreiungsregel am medizinischen Kriterium der chronischen Erkrankung an. Chronisch Kranke können aber durchaus so wohlhabend sein, daß eine jährliche Zuzahlung bis zur Überforderungsgrenze von 2 Prozent des Bruttoeinkommens zumutbar erscheint.

i) Starre Vertrags- und Versorgungsstrukturen: Versicherte und Patienten können ihre Versorgung nur dann souverän und eigenverantwortlich mitbestimmen, wenn sie über die Angebote von Krankenkassen und

Leistungsanbietern hinreichend informiert sind. Dem widersprechen die geringe Transparenz über Behandlungsabläufe und Leistungsqualitäten und die stark beschränkten Möglichkeiten, zwischen verschiedenen Leistungen und Versorgungsformen zu wählen. Der mangelnde Informationsstand der Versicherten ist nur zum Teil intrinsisch; Kompetenz und Entscheidungsfähigkeit ließen sich durch eine gezielte Informationspolitik erheblich steigern.

Mit der im Gesundheitsstrukturgesetz angelegten Intensivierung des Wettbewerbs zwischen Krankenkassen blieb der Gesetzgeber ordnungspolitisch auf halbem Weg stehen: Auf der Leistungsseite verfügen die Krankenkassen kaum über Wettbewerbsparameter, was den Übergang zu einem vielfältigen, zielorientierten Gesundheitsmanagement behindert. Der mangelnde Leistungswettbewerb veranlaßt die Krankenkassen noch immer zu gemeinsamem und einheitlichem Handeln und schließt autonome Gestaltungen weitgehend aus. Fast die Hälfte der Ausgaben der Krankenkassen werden gemeinsam und einheitlich vereinbart, weitere 30 Prozent in Form kassenartenspezifischer Verbandsverträge und, sieht man von Verwaltungsausgaben ab, nur 8 Prozent über eigene Verträge.

Auf Anbieterseite stehen die Trägerstrukturen, vor allem die Kassenärztlichen Vereinigungen und die kommunalisierten stationären Einrichtungen, dem Wettbewerb entgegen. Weil die Kassenärztlichen Vereinigungen mit den Landesverbänden der Krankenkassen und den Verbänden der Ersatzkassen Gesamtverträge abschließen, haben die einzelne Kasse und der einzelne Arzt keinen Einfluß auf die Vergütung. Bei steigender Menge sinkt der „Punktwert" einer Leistung und damit deren Preis, was in einen Teufelskreis führen kann.

Der Arzneimittelhandel weist mit dem Fremdbesitz-, Mehrbesitz- und Versandhandelsverbot nachgerade mittelalterliche Strukturen auf.

Infolge der dualen Krankenhausfinanzierung – bei der die Investitionen von den Ländern getragen werden, die laufenden Kosten von den Krankenkassen – vereinbaren auch die Krankenhäuser ihre Versorgungsverträge mit den Krankenkassen einheitlich und gemeinsam. Sie können ihre Investitionen nicht nach eigenen Prioritäten bestimmen. Die Investitionen orientieren sich zu stark an landespolitischen und zu wenig an betriebswirtschaftlichen Gesichtspunkten. Darüber hinaus verzerrt die duale Krankenhausfinanzierung den Wettbewerb zwischen öffentlich-rechtlichen, freigemeinnützigen und privaten Trägern, wobei die ungleiche Finanzausstattung der Länder eine weitere Verzerrung ergibt.

Wichtig ist schließlich, daß das deutsche Gesundheitssystem ungeachtet der europäischen Integration dem Territorialprinzip verhaftet blieb und sich nur widerwillig – nach Entscheidungen des Europäischen Gerichtshofes – und punktuell öffnete. Damit werden Möglichkeiten zur Steigerung von Effektivität und Effizienz verspielt und Wettbewerbschancen in anderen europäischen Staaten nur unzureichend wahrgenommen.

j) Koordinationsvielfalt und geringe Effizienz: Die verschiedenen Bereiche des deutschen Gesundheitswesens folgen unterschiedlichen Koordinationsmechanismen: Korporatismus bei der ambulanten Behandlung, öffentliche Planwirtschaft im stationären Bereich und Marktwirtschaft bei Arzneimittelherstellung und -handel, wobei das marktwirtschaftliche Element freilich auch im letzteren Fall stark eingeschränkt ist. Wegen dieser Vielfalt der Koordinationsmechanismen verwundert es nicht, daß gerade an den Schnittstellen der drei genannten Systeme Ineffektivitäten und Ineffizienzen überborden.

* * *

Die genannten Schwachstellen des deutschen Gesundheitswesens erklären dessen internationale Mittelmäßigkeit. Zwar bietet das System einen sehr weitgehenden Versicherungsschutz, ein nahezu flächendeckendes Angebot an Gesundheitsleistungen und einen hohen Versorgungsstandard, doch steht dem ein weit überdurchschnittlicher Mittelaufwand gegenüber. In der Gruppe der OECD-Staaten rangiert Deutschland sowohl bei den Gesundheitsausgaben pro Kopf als auch bei der Gesundheitsquote – dem Anteil der Gesundheitsausgaben am Bruttoinlandsprodukt – jeweils hinter den USA und der Schweiz an dritter Stelle.

Zwar hat die Politik in den vergangenen Jahren versucht, Effektivität und Effizienz des Systems durch Förderung von Prävention und Rehabilitation, eine stärkere Qualitätssicherung und einen Ausbau der integrierten Versorgung zu verbessern, doch konnten diese Maßnahmen weder Defizite der Krankenkassen noch steigende Lohnnebenkosten vermindern. Die in §§ 137f bis 137g SGB V neu eingeführten strukturierten Behandlungsmethoden setzen aufgrund ihrer Verknüpfung mit dem Risikostrukturausgleich durchaus Anreize, Disease Management Programme zügig und flächendeckend in Angriff zu nehmen, doch fördert dieses Anreizsystem eher einen Einschreibewettbewerb als einen Qualitätswettbewerb und schafft keine geeigneten Bedingungen für dezentrale wettbewerbliche Suchprozesse. Die derzeitigen Bestrebungen zur Beseitigung korporativer Koordinationsmängel scheinen in Richtung noch stärkerer Planung und Kontrolle zu gehen, was der Souveränität und Eigenverantwortung, der Subsidiarität, aber auch der Effektivität und Effizienz des Systems zuwiderläuft.

2.2 Pflegeversicherung

Nach § 1 SGB XI dient die Soziale Pflegeversicherung (SPV) der Absicherung des Risikos, pflegebedürftig zu werden. Sie hat die Aufgabe, „Pflegebedürftigen Hilfe zu leisten, die wegen der Schwere der Pflegebedürftigkeit auf solidarische Unterstützung angewiesen sind." Während SGB V den Krankheitsbegriff nicht definiert, enthält § 14 Abs. 1 SGB XI eine detaillierte Definition der Pflegebedürftigkeit. Danach gelten Personen als pflegebedürftig, „die wegen einer körperlichen, geistigen oder seelischen Krankheit oder Behinderung für die gewöhnlichen und regelmäßig wiederkehrenden Verrichtungen im Ablauf des täglichen Lebens auf Dauer, voraussichtlich für mindestens 6 Monate, in erheblichem oder höherem Maße der Pflege bedürfen". Der Hilfebedarf erstreckt sich konkret auf Körperpflege, Ernährung, Mobilität und hauswirtschaftliche Versorgung. Schon die gesetzliche Definition deutet die Abgrenzungsprobleme zwischen Pflegebedürftigkeit auf der einen und Krankheit oder Behinderung auf der anderen Seite an: Jede Pflegebedürftigkeit beruht auf Krankheit oder Behinderung, aber umgekehrt begründet nicht jede Krankheit oder Behinderung eine Pflegebedürftigkeit.

Im Vergleich zu SGB V, der gesetzlichen Grundlage der Krankenversicherung, betont SGB XI stärker die Souveränität und Eigenverantwortung. § 6 Abs. 1 fordert, Pflegebedürftigkeit zu vermeiden, und die Leistungen der SPV sollen nach § 2 Abs. 1 dazu verhelfen, „ein möglichst selbständiges und selbstbestimmtes Leben zu führen, das der Würde des Menschen entspricht". Darüber hinaus eröffnet § 2 Abs. 2 Wahlmöglichkeiten zur Gestaltung der Hilfe, und § 3 betont den grundsätzlichen Vorrang häuslicher Pflege.

a) Kreis der Versicherten: Alle Pflichtversicherten und freiwilligen Mitglieder der GKV gehören automatisch auch der SPV an. Neben diesen Personen umfaßt die SPV sogenannte Weiterversicherte, die keinen entsprechenden Versicherungsschutz mehr haben und in den letzten fünf Jahren mindestens 24 Monate oder unmittelbar vor dem Ausscheiden mindestens zwölf Monate versichert waren oder deren Familienversicherung erloschen ist. Die freiwilligen Mitglieder der GKV können sich von der Versicherungspflicht in der SPV befreien lassen, wenn sie eine private Pflegeversicherung nachweisen. Ehegatten und Kinder sind unter ähnlichen Bedingungen wie bei der GKV beitragsfrei mitversichert. Wer privat krankenversichert ist, gehört zwar nicht der SPV an, ist aber gesetzlich verpflichtet, eine private Pflegeversicherung abzuschließen; dies gilt auch für Beamte, deren Pflegekosten teilweise durch die Beihilfe gedeckt werden. Nur Personen ohne private Krankenversicherung sind nicht zur Absicherung des Pflegerisikos verpflichtet.

b) Beitragsgestaltung: Auch das Beitragsrecht der SPV entspricht weitgehend dem der GKV. Die SPV finanziert ihre Ausgaben ebenfalls im Umlageverfahren, und es gilt dieselbe Beitragsbemessungsgrenze wie bei der GKV. Beitragspflichtig sind damit vor allem Arbeitsentgelte bis zur Beitragsbemessungsgrenze sowie gesetzliche Renten. Bei Empfängern von Krankengeld erstreckt sich die Beitragspflicht auf 80 Prozent des Arbeitsentgelts, das der Bemessung des Krankengeldes zugrundeliegt.

Anders als bei der GKV wird der Beitragssatz der SPV nach § 55 Abs. 1 SGB XI bundeseinheitlich für alle Kassen durch Gesetz festgelegt; er beträgt seit dem 01.07.1996 grundsätzlich 1,7 Prozent, doch zahlen beihilfeberechtigte Mitglieder, die bei Pflegebedürftigkeit nur die halben Leistungen erhalten, 0,85 Prozent. Weil die Einnahmen damit festliegen, kann die Bundesregierung die Höhe der Leistungen durch Rechtsverordnung mit Zustimmung des Bundesrats ändern.

Die Beiträge werden (mit Ausnahme von Sachsen) je zur Hälfte vom Arbeitgeber und Arbeitnehmer übernommen. Beim Bezug von Krankengeld zahlen Krankenkasse und Versicherter je die Hälfte. Freiwillig Versicherte finanzieren den Arbeitgeberanteil zunächst vor.

c) Finanzausgleich: Einnahmenseitig besteht zwischen GKV und SPV der wichtige Unterschied, daß die Kassen im ersten Fall ihre Beitragssätze autonom festsetzen, während im zweiten ein bundeseinheitlicher Beitragssatz besteht. Um dies zu ermöglichen, führt das Bundesversicherungsamt einen kassenartenübergreifenden Finanzausgleich durch: Nach § 66 Abs. 1 SGB XI tragen alle Pflegekassen die Leistungsaufwendungen und auch die Verwaltungskosten nach dem Verhältnis ihrer Beitragseinnahmen gemeinsam. Zu diesem Zweck findet ein monatlicher Liquiditätsausgleich statt, außerdem ein ergänzender Jahresausgleich. Auch für die private Pflegeversicherung sieht § 111 SGB XI einen Finanzausgleich vor, der „einen dauerhaften, wirksamen Ausgleich der unterschiedlichen Belastungen gewährleisten" soll.

Ein derartiger Finanzausgleich setzt auf Seiten der Krankenkassen keinerlei Anreize für eine effektive und effiziente Geschäftspolitik: Er sozialisiert alle kostensenkenden Effekte, die eine Pflegekasse zum Beispiel durch geringere Personalausgaben oder geringere Leistungsausgaben erzielen kann; umgekehrt werden überdurchschnittliche Ausgaben, die auf Unwirtschaftlichkeit beruhen, von den verursachenden Pflegekassen auf das gesamte Versicherungssystem abgewälzt. Während der Risikostrukturausgleich der GKV auf standardisierten, alters- und geschlechtsspezifischen Leistungsausgaben beruht und die einzelne Kasse ein Interesse hat, Kosten zu senken, weil sie dann durch niedrigere Beitragssätze zusätzliche Kundschaft attrahieren kann, fehlen in der SPV aufgrund des Finanzausgleichs und des vorgeschriebenen Beitragssatzes alle Anreize zu wirtschaftlichem Verhalten.

d) Leistungen: § 15 Abs. 1 SGB XI ordnet die pflegebedürftigen Personen drei verschiedenen Pflegestufen zu: Pflegestufe I umfaßt erheblich Pflegebedürftige, Pflegestufe II Schwerpflegebedürftige und Pflegestufe III Schwerstpflegebedürftige. Die Prüfung der Pflegebedürftigkeit und die Zuordnung der Pflegebedürftigen zu einer dieser Stufen ist Sache des Medizinischen Dienstes der Krankenkassen. Der Medizinische Dienst soll, soweit der Versicherte zustimmt, auch die behandelnden Ärzte in die Begutachtung einbeziehen. Nach § 18 Abs. 1 SGB XI trifft er auch Feststellungen darüber, „ob und in welchem Umfang Maßnahmen zur Beseitigung, Minderung oder Verhütung einer Verschlimmerung der Pflegebedürftigkeit einschließlich der Leistungen zur medizinischen Rehabilitation geeignet, notwendig und zumutbar sind".

Im Hinblick auf die private Pflegeversicherung enthält § 110 SGB XI Regelungen, die auf einen im Vergleich zur SPV gleichwertigen Schutz abzielen. Zu diesen Regelungen gehören Kontrahierungszwang, Verbot des Ausschlusses von Vorerkrankungen der Versicherten, Gebot gleicher Wartezeiten wie bei der SPV, Verbot der Prämienstaffelung nach Geschlecht oder Gesundheitszustand, Verbot von Prämien, die den Höchstbeitrag der SPV übersteigen, beitragsfreie Mitversicherung nicht erwerbstätiger Kinder und Prämienvergünstigung für nicht erwerbstätige Ehegatten oder Lebenspartner.

Die Pflegeversicherung unterscheidet drei globale Leistungsarten, nämlich Leistungen bei häuslicher Pflege, teilstationäre und Kurzzeitpflege sowie vollstationäre Pflege. Wie Tab. 5 zeigt, variieren die Leistungen entsprechend der Leistungsart und der jeweiligen Pflegestufe. Die Härtefallregelung bildet de facto eine Pflegestufe IV, auch wenn sie amtlich nicht so bezeichnet wird.

Pflegestufe	Ambulant		Teilstationär	Vollstationär
	Sachleistung	Geldleistung		
I	384	205	384	1.023
II	921	410	921	1.279
III	1.432	665	1.432	1.432
Härtefall	1.918	-	-	1.688

Tab. 5: Monatliche Leistungen der SPV [Euro]

Bei häuslicher Pflege umfassen die Leistungen der SPV vier Leistungsarten, nämlich Pflegesachleistungen, Pflegegeld für selbst beschaffte Pflegehilfen, häusliche Pflege bei Verhinderung der Pflegepersonen sowie Pflegehilfsmittel und technische Hilfen. *Pflegesachleistungen* bezeichnen die Finanzierung hauptamtlicher Pflegekräfte durch die SPV, wobei die Pflegebedürftigen die Leistungen in ihrem Haushalt erhalten. Beim *Pflegegeld* wird der Pflegebedürftige durch eine Person seiner Wahl unterstützt. Sach- und Geldleistung können auch miteinander kombiniert werden; in diesem Fall hängt die Höhe der Geldleistung vom Ausschöpfungsgrad bei den Sachleistungen ab. Ist eine Pflegeperson verhindert, übernimmt die Pflegekasse einmal jährlich bis zu vier Wochen die Kosten einer Ersatzpflegschaft bis zu 1.432 Euro. Ist häusliche Pflege nicht möglich, besteht ein Anspruch auf *teilstationäre Pflege* in Einrichtungen der Tages- und Nachtpflege. Reicht auch diese nicht aus, kann der Pflegebedürftige eine Kurzzeitpflege bis zu vier Wochen pro Jahr in einer *vollstationären* Einrichtung beanspruchen.

Bei der Leistungsbemessung spielen Einkommen und Vermögen der Versicherten keine Rolle. Weil die Pflegebedürftigen meist ältere Personen sind, werden damit nicht nur sie selbst, sondern indirekt auch ihre Erben geschützt. Aus diesem Grunde stand die SPV von Anfang an unter dem Vorwurf, eine „Erbenschutzversicherung" zu sein. Ihre Konstruktion widerspricht insofern der Subsidiarität.

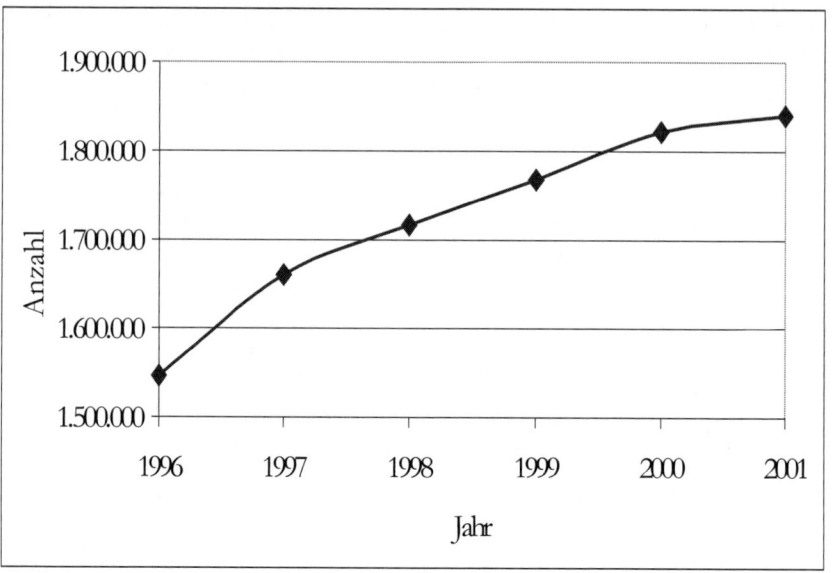

Abb. 7: Anzahl der Leistungsempfänger der SPV

e) Budgetierung der Leistungen: Während die GKV als Vollversicherung grundsätzlich den gesamten objektivierten Bedarf der Patienten abdeckt, sind die Leistungen der SPV budgetiert. Dies gilt ungeachtet der Tatsache, daß die budgetierten Leistungen in Abhängigkeit von Pflegestufe und Leistungsart variieren. Die SPV zielte nie auf eine volle Deckung der notwendigen Pflegeaufwendungen ab, sondern hatte von Anfang an den Charakter einer Teilversicherung. Bisher wurden die Leistungen nicht einmal nominal entsprechend der Preisniveauentwicklung angepaßt. Die Budgetierung trug wesentlich dazu bei, den Beitragssatz stabil bei 1,7 Prozent zu halten, obwohl die Fallzahlen seit Einführung der SPV beträchtlich zunahmen (Abb. 7).

Die ökonomischen Wirkungen einer Budgetierung schlagen sich entweder bei den Pflegebedürftigen oder bei den Leistungsanbietern nieder; im ersten Fall durch höhere Eigenbeteiligung, im zweiten durch erzwungene Preissenkungen. Um den Realwert der Versicherungsleistungen zu erhalten, müßten die budgetierten Leistungen mit einem Preisindex für Pflegeleistungen fortgeschrieben werden, der wegen des hohen Personalkostenanteils schneller wachsen dürfte als der Preisindex für die gesamte Lebenshaltung. Geschieht dies nicht, nähert sich die soziale Absicherung der Pflege allmählich dem Zustand vor Einführung der SPV: sie wird langfristig auf kaltem Weg abgeschafft.

f) Nachhaltigkeit: Weil die Beitragsbemessungsgrundlagen der GKV und der SPV weitgehend identisch sind, besteht die oben genannte Wachstumsschwäche der Finanzierungsbasis auch hier. Insofern ist die Nachhaltigkeit bereits auf der Einnahmenseite gefährdet. Auf der Ausgabenseite wirkt zwar die Budgetierung der Leistungen stabilisierend, doch haben die Fallzahlen seit Einführung der SPV stark zugenommen. Bereits jetzt deuten sich trotz der Budgetierung Defizite im Bereich der SPV an; die Überschüsse der Einführungsjahre schmelzen inzwischen ab. Aufgrund der demographischen Entwicklung werden sich die Finanzierungsprobleme in Zukunft absehbar verschärfen, weil die altersspezifischen Leistungen stark steigen: Sie liegen bis zu einem Alter von 60 Jahren ziemlich konstant bei 30 Euro pro Jahr und Person und wachsen anschließend exponentiell auf über 6.600 Euro jährlich für Personen über 90. Weil schon in den nächsten beiden Jahrzehnten geburtenstarke Jahrgänge in diesen Altersbereich hineinwachsen, wäre die SPV selbst dann mit erheblichen Finanzierungsproblemen konfrontiert, wenn man der Kompressionsthese folgt und unterstellt, daß sich die pflegeintensiven Lebensjahre bei zunehmender Lebenserwartung nur nach hinten verschieben. Auch die weiter anhaltende Veränderung familiärer Strukturen, vor allem die Zunahme von Einzelhaushalten, wird die Pflegesituation verschärfen.

2.3 Schnittstellen

In der SPV liegt der Sicherstellungsauftrag nach § 69 SGB XI bei den Pflegekassen, die mit den Trägern von Pflegedienstleistungen und sonstigen Leistungsanbietern Versorgungsverträge, Leistungs- und Qualitätsvereinbarungen sowie Vergütungsvereinbarungen schließen. Hierbei treten die Pflegekassen meist auf Landesebene gemeinsam und einheitlich auf. Daher hat eine Pflegekasse nicht nur, wie oben dargelegt, aufgrund des Finanzausgleichs keinerlei Anreize zu wirtschaftlichem Verhalten, sondern es fehlen ihr auch Entscheidungsmöglichkeiten im Vertragsbereich. Anders als bei der GKV gibt es nicht den mindesten Wettbewerb zwischen den Kassen. Wettbewerb besteht allenfalls auf der Ebene der Leistungsanbieter und der Pflegebedürftigen und ihren Angehörigen als substitutiven Nachfragern. Allerdings wird der Wettbewerb auch hier durch eingeschränkte Markttransparenz, kollektive Vereinbarungen sowie die Bedarfsplanung und Investitionspolitik der Länder behindert.

Das Nebeneinander von teilweise wettbewerblich konzipierter GKV und uniformer SPV führt an den Schnittstellen der Gesundheitsversorgung zu zahlreichen Verzerrungen. Gerade bei älteren Patienten und Pflegebedürftigen, die an mehreren Krankheiten leiden, sind Prävention, Behandlung und Rehabilitation in hohem Maße interdependent. Die Krankenkassen haben aber nur dann ein Interesse an Prävention und Rehabilitation, wenn die Früchte dieser Maßnahmen nicht über die SPV externalisiert werden. Somit führt die künstliche Trennung in GKV und SPV zu einem suboptimalen Einsatz von Prävention und Rehabilitation.

Rational handelnde Krankenkassen schieben alle Kosten, die im Grenzbereich von Krankheit und Pflege anfallen, in die SPV. Eine solche Gelegenheit ergibt sich beispielsweise bei Verhandlungen mit Leistungsanbietern, die in beiden Bereichen tätig sind. Die Verschiebung von Leistungen verletzt die Interessen der Versicherten, denen infolge der starren Budgetierung in der SPV geringere Leistungen verbleiben. Das Bundessozialgericht beschäftigte sich kürzlich mit der vordergründig skurrilen Frage, ob das An- und Ausziehen von Kompressionsstrümpfen zum Aufgabenbereich der GKV oder der SPV gehöre. Aus naheliegenden Gründen plädierten die Kassen für eine Zuordnung zur SPV, obwohl dies zu Lasten der Pflegebedürftigen geht. In dem verhandelten Fall beanspruchte die genannte Leistung fast 80 Prozent des Budgets der Pflegestufe I, so daß dem Pflegebedürftigen nur noch ein bescheidener Rest verblieb.

Eine letzte wichtige Schwachstelle des deutschen Gesundheitssystems ist die im internationalen Vergleich unzureichende Verzahnung zwischen ambulanter und stationärer Behandlung. Auch an dieser Schnittstelle häufen sich Unter-, Über- und Fehlversorgungen, wobei die Mängel zu einem erheblichen Teil auf ökonomischen Fehlanreizen beruhen. Die Trennung behindert etwa sektorübergreifende Komplexpauschalen, die Anreize für eine effektive und effiziente Behandlung setzen.

3. Gestaltungsoptionen

3.1 Krankenversicherung

a) Kreis der Versicherten: Aus den Leitlinien ergibt sich, daß der Kreis der Versicherten die gesamte Wohnbevölkerung umfassen sollte. Hierfür spricht zunächst die sonst drohende Gefahr adverser Selektion, vor allem aber der Gesichtspunkt der Verteilungsgerechtigkeit. Eine Versicherungspflicht für die gesamte Wohnbevölkerung intensiviert den

Wettbewerb und stärkt darüber hinaus die Nachhaltigkeit des Gesundheitssystems, weil seine Finanzierungsbasis nicht mehr von der Beschäftigungsstruktur (Selbständige und Unternehmer, Beamte und andere Arbeitnehmer) abhängt.

b) Grundleistungskatalog: Eine universelle Versicherungspflicht könnte durch Abschluß von Minimalverträgen umgangen werden. Um dies zu verhindern, muß der Staat einen Leistungskatalog vorschreiben. An dieser Stelle ergibt sich ein Konflikt mit der Leitlinie der Souveränität, weshalb der Leistungskatalog so eng wie möglich gehalten werden sollte. Ein Grundleistungskatalog, der nur das aus medizinisch-ethischer Sicht Unabdingbare vorschreibt, begrenzt die Verhaltensrisiken und erlaubt den Versicherten, nach eigenen Vorstellungen private Verträge über weitergehende Leistungen abzuschließen. Folglich vermittelt der Grundleistungskatalog zwischen dem Ziel der Souveränität und den hiermit konfligierenden Zielen der Effizienz und der Verteilungsgerechtigkeit.

Der Grundleistungskatalog sollte nur Leistungen für die Erhaltung oder Wiederherstellung der Gesundheit umfassen und keine Leistungen, die andere sozialpolitische Funktionen erfüllen. Zu den letzteren gehören etwa das Sterbegeld, Schwangerschafts- und Mutterschaftsleistungen, Empfängnisverhütung, Sterilisation, Schwangerschaftsabbruch, Haushaltshilfen, Krankengeld bei Erkrankung des Kindes oder die allgemein-medizinische Weiterbildung. Werden diese Leistungen für sozialpolitisch wünschenswert gehalten, sollten sie über die allgemeinen öffentlichen Haushalte finanziert werden; das Transparenzgebot gebietet jedenfalls ihre Herausnahme aus dem Krankenversicherungssystem. Auch Leistungen, die dem allgemeinen Wohlbefinden, der Fitneß oder der Erholung dienen, fallen unter die Eigenverantwortung der Versicherten und haben im Grundleistungskatalog nichts zu suchen.

c) Objektivierte Setzung von Schwerpunkten und Prioritäten: In der Sozialen Marktwirtschaft bedeuten Souveränität und Eigenverantwortung, daß die Individuen autonom entscheiden, welche Güter sie in welchen Mengen konsumieren wollen. Dabei spielt es keine Rolle, ob die Entscheidungen für einen Dritten nachvollziehbar oder vernünftig sind – es geht nicht um objektive Bedarfe, sondern um subjektive Bedürfnisse. Bei Gesundheitsleistungen ist dieses Prinzip normativ einzuschränken, da die Versichertengemeinschaft die Kosten ganz oder zum Teil trägt und die Individuen nicht gezwungen sind, bei Erkrankung ihre Zahlungsbereitschaft zu offenbaren.

Die hieraus folgende Gefahr einer Übernachfrage rechtfertigt das Konzept eines normierten oder objektivierten Bedarfs, der als Richtschnur für die Zuteilung von Leistungen der Pflichtversicherung dient, und den Ausschluß von Leistungen, die einzelne Versicherte zwar schätzen mögen, die aber von Fachgremien als medizinisch unwirksam oder wenig wirksam eingestuft werden. Somit beruht der objektivierte Bedarf auf professionellen und wissenschaftlichen Urteilen über Behandlungsverfahren und deren wahrscheinlichen gesundheitlichen Nutzen. Der Grundleistungskatalog, der den so verstandenen Bedarf von subjektiven Behandlungswünschen abgrenzt, ist im Zeitablauf gemäß neuen Erkenntnissen und dem medizinisch-technischen Fortschritt anzupassen. Zur Vermeidung impliziter Rationierung sollte er offen Schwerpunkte und Prioritäten setzen, die ethischen, rechtlichen, medizinischen und wirtschaftlichen Aspekten Rechnung tragen. Als Abgrenzungskriterien bieten sich an:

– Gesundheitliche Bedeutung und Häufigkeit (Prävalenz, Inzidenz),

– Krankheitslast (Schweregrad, Prognose, Dringlichkeit),

– direkte und indirekte Kosten (volkswirtschaftliche Relevanz),

– Gleichmäßigkeit der Versorgung (Situation vulnerabler Gruppen),

– präventives und therapeutisches Potential und die

– Nutzen-Kosten-Relation.

Diese Kriterien können zu ähnlichen, aber auch zu sehr unterschiedlichen Einstufungen und Reihungen führen. So haben etwa seltene Krankheiten mit hoher Krankheitslast eine niedrige Prävalenz und kaum volkswirtschaftliche Relevanz. Dagegen weisen Krankheiten mit hoher Prävalenz auch bei geringerer Schwere eine höhere volkswirtschaftliche Relevanz auf. Maßnahmen, die hauptsächlich vulnerablen Gruppen zugute kommen und damit der Gleichmäßigkeit der Versorgung dienen, gehen möglicherweise mit überdurchschnittlicher volkswirtschaftlicher Relevanz und vorteilhaften Nutzen-Kosten-Relationen einher. Insgesamt sollten nicht nur die Kriterien, sondern auch deren Gewichtung offengelegt werden, um die Gründe der Schwerpunkt- und Prioritätensetzung transparent zu machen.

Bei der Festlegung des Grundleistungskatalogs ist zu prüfen, inwieweit die Leistungen Lebenserwartung und Lebensqualität erhöhen, evidenzbasierte Wirkungen haben, bei Abwägung der Chancen und Risiken (Nebenwirkungen) einen gesundheitlichen Nettonutzen stiften, sich auf ernsthafte Erkrankungen beziehen und die Funktionalität beeinflussen, das heißt nicht ausschließlich ästhetische Verbesserungen darstellen.

Soweit medizinisch-ethische Gesichtspunkte dem nicht entgegenstehen, sollte der Grundleistungskatalog Leistungen ausschließen, die finanziell Bagatellen sind, die mit hoher Bedarfswahrscheinlichkeit vorhersehbar und planbar auftreten und damit ein individuelles Ansparen ermöglichen oder die eine ungünstige Nutzen-Kosten-Relation aufweisen.

Als Träger für die Entwicklung und Fortentwicklung des Grundleistungskatalogs kommen das Parlament, die Selbstverwaltungsgremien oder ein unabhängiges Gremium in Betracht. Nach bisheriger Erfahrung neigen Selbstverwaltungsgremien im Vergleich zum Parlament zu einer restriktiveren Leistungsabgrenzung. Während Parlamentarier den Leistungskatalog ständig um fragliche Positionen wie die Soziotherapie oder psychotherapeutische Leistungen erweitern, wirken sachkundige Selbstverwaltungsgremien dieser Tendenz entgegen, doch spielen bei ihnen Gruppeninteressen eine gewisse Rolle. Diese Gesichtspunkte sprechen dafür, ein unabhängiges Gremium aus Experten mehrerer Fachrichtungen (Mediziner, Juristen und Ökonomen) zu beauftragen.

d) Selbstbeteiligung: Selbstbeteiligungen begegnen dem ex ante Verhaltensrisiko (gesundheitsschädliche Betätigungen oder mangelnde Vorsorge) und dem ex post Verhaltensrisiko (übermäßige Inanspruchnahme von Leistungen, weil diese aus individueller Sicht gratis sind). Verglichen mit der Leistungsausgrenzung ist die Selbstbeteiligung eine mildere Alternative. Sie kann ansetzen an

- Menge (packungsabhängige Zuzahlung, Verordnungsgebühr),
- Preis (Festbetragsregelung, Indemnitätstarif),
- Umsatz (prozentuale Selbstbeteiligung, spezifische Abzugsfranchise),
- Indikation (indikations- oder produktabhängige Zuzahlung) oder
- jährlichen Gesamtaufwendungen (allgemeine Abzugsfranchise).

Bei der Festbetragsregelung erstattet die Versicherung einen festen Betrag pro Leistung, und der Versicherte zahlt die etwaige Differenz. Beim Indemnitätstarif gilt dasselbe, doch erhält der Versicherte die Differenz, wenn er einen geringeren als den Festbetrag zahlt, was zu Preiswettbewerb auch unterhalb des Festbetrags führt. Beide Regelungen haben wenig Mengenwirkungen, aber starke Preiswirkungen. Bei der Abzugsfranchise zahlt der Versicherte die Leistungen bis zu einer bestimmten Höhe allein, während darüber hinausgehende Zahlungen voll erstattet werden. Diese Form der Selbstbeteiligung kann sich auf einzelne Leistungen beziehen (spezifische Abzugsfranchise) oder auf die Gesamtheit der jährlich in Anspruch genommenen Leistungen (allgemeine Abzugsfranchise). Im letzteren Fall kann eine finanzielle Überforderung des Versicherten durch geeignete Wahl der Selbstbeteiligungsschwelle vermieden werden. Allgemein haben Festbeträge und prozentuale Selbstbeteiligungen stärkere Wirkungen auf die Nachfrage als Abzugsfranchisen oder fixe Zuzahlungen, die an der Menge ansetzen.

Selbstbeteiligungen begrenzen die Verhaltensrisiken nur unter den Voraussetzungen, daß die Versicherten auf Preisänderungen reagieren und nicht auf selbstbeteiligungsfreie Leistungen ausweichen können. Um Ausweichmanöver – insbesondere durch Wechsel zwischen ambulanter und stationärer Versorgung – zu verhindern, sollte die Selbstbeteiligung von der Leistungsart und nicht vom Leistungserbringer abhängen. Unter dieser Voraussetzung können Operationen und ähnliche Leistungen, bei denen kein Verhaltensrisiko zu befürchten ist, von Selbstbeteiligungen freigehalten werden. Am ehesten in Einklang mit den Leitlinien der Effizienz und der Verteilungsgerechtigkeit steht eine Selbstbeteiligungsregelung, die zwei Elemente umfaßt, nämlich

– Festbeträge für Medikamente und

– eine prozentuale Selbstbeteiligung für alle Leistungen, bei denen ein Verhaltensrisiko zu befürchten ist.

Sofern die Festbeträge eine ausreichende Versorgung ermöglichen, sollten die Versicherten etwaige Zuzahlungen zusätzlich zur prozentualen Selbstbeteiligung tragen, weil sie diese Zuzahlungen ohne Verzicht auf eine angemessene Behandlung vermeiden können. Die prozentualen Selbstbeteiligungen werden bis zu einem Höchstbetrag belastet, der zur Vermeidung von Überforderungen als Prozentsatz des Einkommens ausgestaltet sein sollte.

e) Finanzierung: Die Leistungen des Grundleistungskatalogs könnten durch allgemeine Steuern finanziert werden. Diese Alternative schneidet im Hinblick auf fast alle Leitlinien am schlechtesten ab, was wohl keiner näheren Begründung bedarf. Eine Steuerfinanzierung von Gesundheitsleistungen ist ebenso wenig empfehlenswert wie eine Steuerfinanzierung von Nahrungsmitteln oder anderen privaten Gütern.

Folglich sollte die Krankenversicherung durch Beiträge finanziert werden. Hierbei gibt es zahlreiche Varianten: Erstens kann die Beitragsfinanzierung dem Kapitaldeckungsverfahren oder dem Umlageverfahren folgen. Zweitens stellt sich die Frage der Mitversicherung von Familienangehörigen. Drittens ist zu entscheiden, inwieweit die Beiträge abhängen vom

– Alter,

– individuellen Risiko, indiziert etwa durch Vorerkrankungen oder Geschlecht oder

– Einkommen.

Weiter oben wurde dargelegt, daß die Kapitaldeckung im Bereich des Gesundheitswesens zwar einige Vorzüge hat, diese aber nicht so stark ins Gewicht fallen wie bei der Alterssicherung. Zudem ist eine Umstellung des bei der GKV praktizierten Umlageverfahrens auf die Kapitaldeckung schwierig. Daher sollte es bei der Umlagefinanzierung bleiben.

Eine beitragsfreie Mitversicherung von Familienangehörigen vermengt das eigentliche Ziel der Krankenversicherung mit familienpolitischen Absichten, was dem Transparenzgebot und dem Gebot der Verteilungsgerechtigkeit widerspricht, weil eine Krankenversicherung kein zielgenaues Instrument der Familienpolitik sein kann. Daher sollte die Mitversicherung entfallen.

Altersspezifische Beiträge mindern die Umverteilung zwischen Angehörigen verschiedener Altersgruppen. Weil das Umlageverfahren aber ein Ansparen ausschließt, besteht die Gefahr hoher Beiträge für Ältere, die deren Zahlungsfähigkeit überfordern. Daher sollten die Beiträge nicht vom Alter der Versicherten abhängen.

Risikoäquivalente Beiträge führen zu höheren Belastungen von Frauen und Personen mit Vorerkrankungen oder erblichen Belastungen. Vor allem im letzten Fall können die Beitragsunterschiede extrem sein. Fraglos würden risikoscheue Individuen, die hinter einem Schleier der Ungewißheit entscheiden, für die Beseitigung dieses Risikos durch risikounabhängige Beiträge votieren. Die in risikounabhängigen Beiträgen enthaltene Umverteilung ist kein Mangel, sondern ganz im Gegenteil die Hauptaufgabe einer Krankenversicherung.

Damit bleibt nur noch die Frage offen, ob die Beiträge vom Einkommen abhängen sollten oder nicht. Einkommensabhängige Beiträge ähneln wirtschaftlich einer Einkommensteuer und werden auch wie eine Steuer empfunden. Sie unterscheiden sich von der Einkommensteuer hauptsächlich durch den speziellen Tarif, der eine zunächst pro-

portional wachsende Belastung vorsieht, die nach Erreichen der Beitragsbemessungsgrenze konstant bleibt.

Werden die Beiträge aber nicht vom Gesamteinkommen erhoben,
sondern nur von bestimmten Einkunftsarten, bricht die Analogie mit
der Einkommensteuer. Beiträge, deren Höhe allein vom Einkommen
aus nichtselbständiger Arbeit abhängen, haben keine vertragstheoretische Rechtfertigung; sie stellen eine ganz willkürliche Art der Umverteilung dar. Somit ist als Zwischenfazit festzuhalten, daß die Beiträge –
sofern sie überhaupt einen Einkommensbezug haben – vom Gesamteinkommen zu erheben sind, eventuell sogar bei Berücksichtigung des
Vermögens.

Ob es unter dieser Voraussetzung eine Beitragsbemessungsgrenze gibt,
ist aus folgendem Grund unwichtig und unentscheidbar: Werden die
Krankenversicherungsbeiträge vom Gesamteinkommen erhoben, dann
tritt neben die eigentliche Einkommensteuer eine weitere, virtuelle
Einkommensteuer. Die Tarife der beiden entfalten in ihrem Zusammenwirken bestimmte Belastungs- und Umverteilungswirkungen. Hält
man eine beliebig vorgegebene vertikale Lastenverteilung für gerecht,
gibt es unendlich viele Kombinationen von Einkommensteuertarif und
Beitragstarif, die damit kompatibel sind. Folglich steht jede Beitragsbemessungsgrenze bei entsprechender Anpassung der Progression des
Einkommensteuertarifs in möglichem Einklang mit der jeweils unter-
liegenden Gerechtigkeitsvorstellung. Die eigentliche Frage aber lautet,
warum man zur Umverteilung zwei Tarife verwenden sollte, wenn
einer ausreicht. Eine solche institutionelle Dopplung mindert die Transparenz und hat im Vergleich zu einer Lösung, die Einkommensumverteilung und Krankenversicherung entkoppelt, keine ersichtlichen
Vorteile.

Daher kommen *Grundbeiträge* als Alternative in Betracht. Diese bewirken die von einer Krankenversicherung erwartete Umverteilung zwischen guten und schlechten Risiken, verteilen aber nicht vertikal zwischen verschiedenen Einkommensschichten um, weil diese Aufgabe
der Einkommensteuer obliegt. Die Grundbeiträge variieren durchaus
im Wettbewerb zwischen den Versicherern; sie sind aber unabhängig
von Geschlecht, Alter, Risiko und Einkommen.

Der Höhe nach entsprechen die durchschnittlichen Grundbeiträge den
Gesundheitsausgaben pro Kopf. Weil der Arbeitgeberbeitrag nicht in
ein solches System paßt, zahlt jeder Erwachsene einen Beitrag, der den
durchschnittlichen Gesundheitsausgaben entspricht und damit die

Kosten des Gesundheitswesens unmittelbar transparent macht. Für Kinder und Jugendliche – die ohnehin unterdurchschnittliche Ausgaben verursachen – können geringere Beiträge vorgesehen werden, doch zahlen Ehepaare ohne Kinder zwei Grundbeiträge. Bei dieser Finanzierungsvariante beschränkt sich die GKV auf ihre eigentliche Aufgabe, nämlich die Umverteilung von Personen mit hohem Krankheitsrisiko zu Personen mit geringem Krankheitsrisiko. Darüber hinaus erhöhen Grundbeiträge die *Nachhaltigkeit,* weil sie die Einnahmen der Krankenversicherung von der Altersstruktur der Versicherten lösen. Im Hinblick auf die künftige Änderung der Altersstruktur ist dies als wesentlicher Vorteil anzusehen.

f) Wettbewerb: Wettbewerb im Gesundheitswesen stellt wie sonst auch keinen Selbstzweck dar, sondern dient folgenden Zielen: Die Leistungsanbieter sollen sich an den Präferenzen der Versicherten orientieren, deren Wünsche bestmöglich erfüllen und nach Effektivität und Effizienz streben. Weiterhin sollen dezentrale Suchprozesse für Innovationen ausgelöst und Machtkonzentrationen verhindert werden. Um dies zu erreichen, benötigen die Krankenkassen Entscheidungsmöglichkeiten bei den Beitragssätzen und beim Vertragsrecht, aber auch im Hinblick auf Versorgungsformen und Versorgungsqualitäten. Diese anderswo selbstverständlichen Unternehmerfreiheiten sind die Wettbewerbsparameter der Krankenkassen.

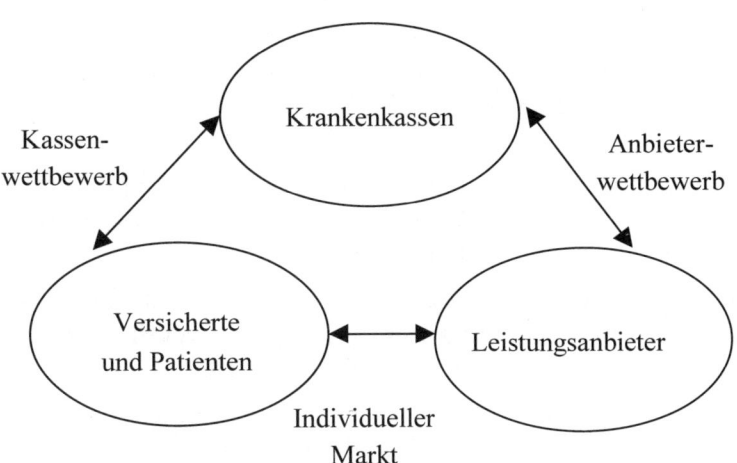

Abb. 8: Wettbewerb im Gesundheitswesen

Wie Abb. 8 veranschaulicht, sind im Gesundheitswesen mehrere Wettbewerbsfelder zu unterscheiden. Erstens konkurrieren die Krankenkassen im Kassenwettbewerb um Versicherte. Zweitens besteht zwischen den Leistungsanbietern Anbieterwettbewerb um Krankenkassen als Kunden. Drittens werben die Leistungsanbieter im individuellen Markt – etwa bei Selbstmedikation – auch direkt um Versicherte bzw. Patienten. Effektivität und Effizienz verlangen, daß der Wettbewerb der Krankenversicherungen den Wettbewerb der Leistungsanbieter stimuliert. Eine Intensivierung des Wettbewerbs von Krankenkassen und Leistungsanbietern erfordert folgende Maßnahmen:

- Krankenkassen können kassenartenübergreifend miteinander fusionieren und gemeinsam gegenüber den Leistungsanbietern auftreten.

- Krankenkassen können mit allen Leistungsanbietern separate Verträge abschließen, in denen auch die Honorare geregelt werden. Damit ist die Monopolstellung der Kassenärztlichen Vereinigungen beseitigt.

- Privaten Versicherungen aus dem In- und Ausland steht es frei, ebenfalls den umlagefinanzierten Grundleistungskatalog anzubieten und damit in Wettbewerb zu den heutigen Trägern der GKV einzutreten. Umgekehrt steht es den heutigen Trägern der GKV frei, private Zusatzversicherungen anzubieten. Damit zerfließt die starre Grenze zwischen gesetzlichen und privaten Krankenversicherungen.

- Es gibt keine Wettbewerbsbeschränkungen wie das Versandhandels-, Fremdbesitz- oder Mehrbesitzverbot bei den Apotheken oder ähnliche Behinderungen für Ärzte.

- Leistungsanbieter erhalten alle üblichen unternehmerischen Freiheiten; sie werden insbesondere nicht nach Maßgabe objektiver Faktoren (staatliche Bedarfsplanung) ausgeschlossen.

- Die verschiedenen Sektoren, insbesondere ambulante und stationäre Einrichtungen, konkurrieren auf der Grundlage einheitlicher Leistungsdefinitionen und Qualitätsstandards.

Zur Vermeidung von Mißverständnissen sei freilich hervorgehoben, daß auch der Gesundheitsbereich dem deutschen und europäischen Kartell- und Wettbewerbsrecht unterliegt. Dieses Recht gilt auch für Krankenkassen, Kammern und Kassenärztliche Vereinigungen, soweit sie am Geschäftsverkehr teilnehmen und auf der Marktgegenseite

Wettbewerb herrscht. Die Unternehmereigenschaft als Voraussetzung für die Anwendung des deutschen Kartellrechts hängt nicht von der Rechtsform, dem verfolgten Zweck oder einer Gewinnerzielungsabsicht ab, auch nicht davon, ob die betrachtete Institution ansonsten überwiegend hoheitlich tätig ist. Hieraus folgt, daß zum Beispiel eine Ortskrankenkasse keineswegs willkürlich bestimmte Leistungsanbieter heraussuchen darf, sondern allen Ärzten und Krankenhäusern dieselbe Chance zur Teilnahme gewähren muß. Die Krankenkasse ist hierbei verpflichtet, öffentlich auszuschreiben und ihre Auswahl nach transparenten überprüfbaren Kriterien zu treffen. Auch bei Beachtung dieser Regeln wird die zunehmende Verbreitung von Einzelverträgen für einige Leistungsanbieter zu ökonomischen Einbußen führen oder im Einzelfall das Ausscheiden aus dem Markt bewirken.

Der hiermit beschriebene Wettbewerb vollzieht sich innerhalb eines staatlich gesetzten Rahmens. Dabei obliegen dem Staat die Entscheidungen über die Sicherstellung einer flächendeckenden Versorgung, die Formulierung subjektiver Zugangsvoraussetzungen und Qualitätsmindeststandards, der Erhalt von Wahlmöglichkeiten für die Versicherten sowie die Festlegung allgemeiner Vergütungssysteme, die gelten, wenn keine Einzelverträge zustande kommen.

3.2 Pflegeversicherung

Wie die Problemanalyse zeigte, bietet die heutige Pflegeversicherung den Versicherten materiell keine Möglichkeit der Kassenwahl. Darüber hinaus bestehen für die Pflegekassen keinerlei Anreize zu effektivem und effizientem Handeln. Ganz im Gegenteil handeln die Kassen an der Schnittstelle von Krankenversicherung und Pflegeversicherung oft rational, wenn sie ineffiziente Entscheidungen treffen, die den Interessen der Versicherten zuwiderlaufen. Das heutige System ist auch nicht nachhaltig, und es verfehlt zunehmend die Lösung der ihm zugedachten Aufgabe, die eine Dynamisierung der Budgets erfordern würde. Schließlich besteht eine Versicherungspflicht nur für Personen, die in der GKV oder der PKV krankenversichert sind.

Insgesamt erscheint der Reformbedarf in der Pflegeversicherung größer und dringlicher als in allen übrigen Sicherungssystemen. Daher setzen die folgenden Gestaltungsoptionen nicht an einzelnen Elementen der Pflegeversicherung an, sondern betreffen deren grundsätzliche Ausgestaltung. In Betracht kommen die Abschaffung der Versicherungspflicht, Reformen im bestehenden System, eine steuerfinanzierte

Pflegeversicherung, eine wettbewerbsorientierte öffentliche Pflegeversicherung, die Integration der Pflegeaufgaben in die Krankenversicherung sowie eine obligatorische private Pflegeversicherung.

a) Abschaffung der Versicherungspflicht: Eine Abschaffung der Versicherungspflicht harmoniert am besten mit den Leitlinien der Souveränität
und Eigenverantwortung. Sie beseitigt darüber hinaus jene fragwürdigen Vermögensvorteile, die den Erben Pflegebedürftiger aus der Einführung der umlagefinanzierten SPV erwachsen sind. Diesen Gesichtspunkten könnte man freilich dieselben Gründe entgegenhalten,
die für eine obligatorische Krankenversicherung sprechen, nämlich die
Gefahr adverser Selektion und das verteilungspolitische Anliegen, auch
Personen abzusichern, deren Pflegebedürftigkeit von Geburt an fest-
steht oder wahrscheinlich ist. Für eine Versicherungspflicht spricht
außerdem das administrative Problem der Abgrenzung von Krankheit
und Pflegebedürftigkeit.

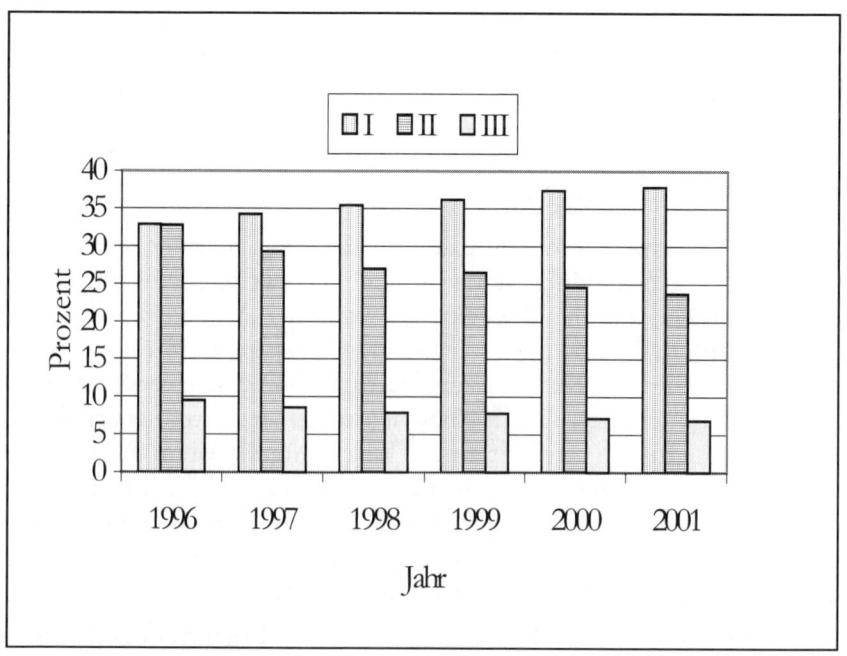

Abb. 9: Entwicklung der Anteile der Pflegebedürftigen

b) Reformen im bestehenden System sollten vornehmlich auf eine Stärkung
der Nachhaltigkeit der SPV abzielen. Einnahmenseitig sind dieselben
Maßnahmen angebracht wie bei der GKV, nämlich die Einbeziehung

der gesamten Wohnbevölkerung und einkommensunabhängige Beiträge oder eine Bemessungsgrundlage, die nicht nur bestimmte Arbeitseinkommen, sondern alle Einkommen umfaßt. Diese Optionen entsprechen auch der Leitlinie der Verteilungsgerechtigkeit besser als das derzeitige System.

Ausgabenseitig steht nach dem Grundgedanken der Subsidiarität die Pflegestufe I zur Disposition, weil deren Leistungen von fast jedem in Anspruch genommen werden, der ein höheres Lebensalter erreicht, und daher planbar und voraussehbar sind. Wie Abb. 9 illustriert, nahm der Anteil der Pflegebedürftigen der Pflegestufe I von 1996 bis 2001 ständig zu; er liegt inzwischen weit über den Anteilen der Pflegebedürftigen in den beiden höheren Pflegestufen. Die Aufhebung der Pflegestufe I erhöht die Hürde für einen Leistungsanspruch und fokussiert die Leistungen der SPV auf Schwer- und Schwerstpflegebedürftige. Diese Maßnahme harmoniert mit dem vorgeschlagenen Grundleistungskatalog der Krankenversicherung, der ebenfalls planbare Ausgaben ausgrenzt, und ist auch bei den Gestaltungsoptionen c) bis f) überlegenswert.

c) Steuerfinanzierte Pflegeversicherung: Hierbei ist zunächst zu unterscheiden, ob die Leistungen allgemein oder nur für Bedürftige gewährt werden. Die erste Alternative hat dieselben gravierenden Nachteile wie eine steuerfinanzierte Krankenversicherung (siehe oben unter 3.1 d) und wird daher nicht weiter verfolgt. Die zweite Alternative unterscheidet sich kaum von der Gestaltungsoption a), dem Wegfall der Versicherungspflicht, weil die Sozialhilfe im Notfall ohnehin eingreifen muß. Abhängig von der konkreten Ausgestaltung wäre allerdings unter Umständen ein anderer Träger zuständig.

d) Wettbewerbsorientierte öffentliche Pflegeversicherung: Ähnlich wie oben für die Krankenkassen erörtert, könnten auch die Pflegekassen in Wettbewerb zueinander stehen. Um dies zu erreichen, muß der bestehende Finanzausgleich der Pflegekassen durch einen Risikostrukturausgleich (RSA) ersetzt werden. Weiterhin ist den Pflegekassen im Vertragsbereich Handlungsfreiheit einzuräumen. Unter diesen Voraussetzungen haben sie sowohl ein Interesse als auch die Möglichkeit, ihre Wettbewerbsparameter zum Nutzen der Pflegebedürftigen einzusetzen. Kassen, denen dies gelingt, können auf Mitgliederzuwachs hoffen.

Ein RSA ist unverzichtbar, weil die Pflegebedürftigkeit ab einem Alter von 60 Jahren extrem zunimmt und die Ausgaben der Pflegekassen daher stark von der Altersstruktur ihrer Mitglieder abhängen. Wie bei den Krankenkassen dient der RSA der Schaffung einer fairen Wettbewerbsbasis. Als Maßstab für ihr Leistungsgebaren werden den Pflegekassen standardisierte Ausgaben vorgegeben, wobei zu prüfen bleibt, welche der bei der GKV benutzten Elemente des RSA wie Alter oder Geschlecht auf die SPV übertragen werden müssen.

Die heutigen festen Budgets für einzelne Pflegeleistungen schließen Beitragssatzwettbewerb zwischen den Pflegekassen aus: Eine beim Pflegemanagement oder im Vertragsbereich erfolgreiche Kasse kann ihre Wettbewerbsvorteile nur über bessere oder zusätzliche Leistungen an die Pflegebedürftigen weitergeben, nicht über niedrigere Beitragssätze an die Beitragszahler. Ein erwünschter Beitragssatzwettbewerb ist nur möglich, wenn die Pflegekassen ihre Leistungen auch als Sachleistungen erbringen können. Sachleistungen vermindern zwar die Autonomie der Pflegebedürftigen, doch könnte diesem Problem durch Punktekonten begegnet werden. Hierbei ist jedem Sachleistungsbündel ein Punktwert zugeordnet, und ein Pflegebedürftiger stellt die Leistungen nach seinen Präferenzen unter Beachtung von deren Gesamtpunktwert zusammen. Pflegekassen, die Sachleistungen durch geschicktes Management vergleichsweise preiswert einkaufen, können die Einsparungen in Form niedrigerer Beitragssätze an die Versicherten weitergeben.

e) Integration von Kranken- und Pflegeversicherung: Die Schwierigkeit einer genauen Abgrenzung von Krankheit und Pflegebedürftigkeit legt eine Integration von GKV und SPV nahe. Hierzu wird der Leistungskatalog der Krankenkassen um Pflegeleistungen erweitert und die gesonderte Pflegeversicherung aufgehoben. Anstelle zweier Beiträge erheben die Krankenkassen nur noch einen Beitrag. Eine Zusammenlegung hat auch wettbewerbspolitische Vorteile. Sie setzt aber einen hinreichend validen RSA für Pflegeleistungen voraus, weil sich die effizienzunabhängigen Beitragssatzunterschiede sonst noch verschärfen würden. Darüber hinaus wäre diese Gestaltungsoption durch dieselben Elemente charakterisiert, wie sie im vorigen Abschnitt für die Krankenversicherung beschrieben wurden.

f) Private Pflegeversicherung: Anders als öffentliche Pflegeversicherungen, die nach dem Umlageverfahren oder nach dem Kapitaldeckungsverfahren organisiert werden können, beruht eine private Pflegeversicherung notwendig auf Kapitaldeckung. Im Unterschied zur Gestaltungsoption a), die den Abschluß freiwilliger privater Versicherungen nicht ausschließt, wird hier der Fall einer allgemeinen Versicherungspflicht mit Kontrahierungszwang und Diskriminierungsverbot betrachtet.

Dabei sind Eltern verpflichtet, ihre Kinder ab der Geburt zu versichern.

Wie schon mehrfach erwähnt, bietet die Kapitaldeckung zwar einen gewissen Schutz gegen Änderungen der Altersstruktur, aber nicht gegen eine Zunahme der Lebenserwartung, die im Bereich der Pflegeversicherung besonders starke Ausgabenwirkungen hat. Zudem fließen die Leistungen erst viele Jahre und Jahrzehnte nach Einführung des Kapitaldeckungsverfahrens. Unter der Annahme, daß die Krankenversicherung zwar wettbewerblich, aber öffentlich organisiert ist, bildet die Schnittstellenproblematik die eigentliche Schwachstelle dieser Gestaltungsoption: Ein Nebeneinander von Krankenversicherung und Pflegeversicherung beinhaltet intrinsische Fehlanreize, die zu Ineffizienzen und auch zu verteilungspolitischen Härten führen.

4. Das anzustrebende System

4.1 Krankenversicherung

Aus der obigen Musterung der Gestaltungsoptionen ergeben sich klare Empfehlungen im Hinblick auf den versicherungspflichtigen Personenkreis, den Leistungskatalog und die Bedingungen für einen funktionsfähigen Wettbewerb. Im neuen System stehen *beitragsfinanzierte Krankenkassen und Krankenversicherungen* unter gleichen Rahmenbedingungen miteinander in *Wettbewerb*. Es besteht *Versicherungspflicht für die gesamte Wohnbevölkerung*, wobei der Staat einen auf das medizinisch-ethisch Notwendige beschränkten *Grundleistungskatalog* vorgibt. Alle in diesem Bereich tätigen Versicherer wenden das *Umlageverfahren* an; für sie gelten *Kontrahierungszwang* und *Diskriminierungsverbot*. Daraus resultierende Belastungsunterschiede werden durch einen *Risikostrukturausgleich* bereinigt. Die Versicherer haben bei der Vertragsgestaltung weitgehende Freiheiten und können insbesondere mit den Leistungsanbietern Einzelverträge abschließen. Die Leistungsanbieter ihrerseits erhalten alle üblichen *Unternehmerfreiheiten*; entgegenstehende Regulierungen für Ärzte, Krankenhäuser und Apotheken werden aufgehoben. Jenseits des obligatorischen Grundleistungskatalogs schließen die Bürger nach eigenem Ermessen kapitalgedeckte Zusatzversicherungen ab und entrichten hierfür risikoorientierte Prämien. Weil auch die Beamten in die allgemeine Versicherungspflicht einbezogen sind, kann das administrativ aufwendige *Beihilfesystem* bei entsprechender Heraufsetzung der Bruttobesoldung entfallen.

Offen blieb bisher die Frage der Beitragsbemessung. *Kassenspezifische Grundbeiträge*, die nicht nach Alter, Geschlecht, Einkommen oder anderen Merkmalen differenzieren, stehen am besten in Einklang mit den Leitlinien; dabei können für Kinder und Jugendliche geringere Beiträge vorgesehen werden. Grundbeiträge machen die Kosten des Gesundheitswesens für alle Bürger transparent. Sie trennen die eigentliche Aufgabe der Krankenversicherung – von Personen mit geringem Krankheitsrisiko zu Personen mit hohem Risiko umzuverteilen – vom Familienleistungsausgleich und von der Aufgabe des Steuer-Transfer-Systems, zwischen Personen mit unterschiedlichen Einkommen umzuverteilen.

Dies ist weit gerechter als die heutige Finanzierung, bei der die Beiträge allein vom Arbeitseinkommen unterhalb der Beitragsbemessungsgrenze abhängen. Im Vergleich zu Beiträgen, die vom Gesamteinkommen abhängen, sind Grundbeiträge transparenter und administrativ einfacher, damit effizienter. Verteilungspolitisch besteht zwischen Grundbeiträgen und Beiträgen, die vom Gesamteinkommen abhängen, entgegen dem ersten Anschein keinerlei Unterschied, weil das Steuer-Transfer-System jede gewünschte Umverteilung bewirken kann, ohne daß es dazu eines weiteren virtuellen Einkommensteuertarifs bedarf. Anders ausgedrückt läßt sich der Übergang von einkommensabhängigen Beiträgen zu einkommensunabhängigen Grundbeiträgen durch eine Anpassung des Einkommensteuertarifs und eine Heraufsetzung des Regelsatzes der Sozialhilfe und des Kindergelds um den durchschnittlichen Grundbeitrag kompensieren.

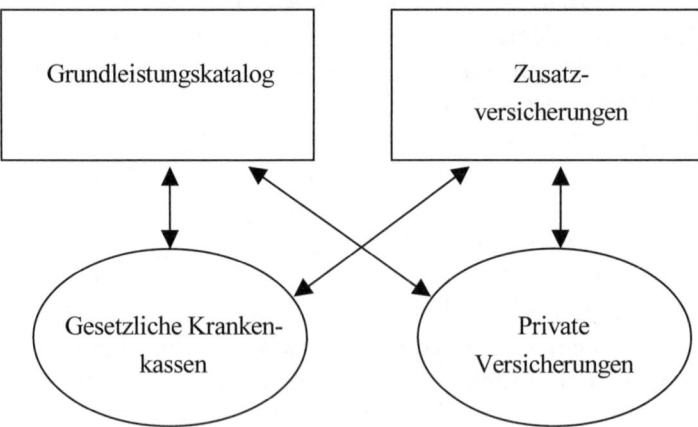

Abb. 10: Wettbewerb im Gesundheitswesen

Abb. 10 und Tab. 6 verdeutlichen den Vorschlag schematisch. Hiernach kann im Bereich des Grundleistungskatalogs jeder Versicherer tätig werden, der die staatlich gesetzten Rahmenbedingungen – Umfang des Grundleistungskatalogs, Teilnahme am Risikostrukturausgleich, Kontrahierungszwang und Grundbeitrag – akzeptiert. Neben den Gesetzlichen Krankenkassen können durchaus auch private Anbieter in diesem Bereich tätig werden. Umgekehrt ist es den Gesetzlichen Krankenkassen erlaubt, kapitalgedeckte Zusatzprodukte anzubieten und damit in jenen Markt einzutreten, der bisher vorrangig von privaten Unternehmen bedient wurde. Insgesamt verschwimmt der traditionelle Unterschied zwischen GKV- und PKV-Unternehmen, weil beide Anbietertypen unter denselben Konkurrenzbedingungen arbeiten.

	Grundleistungskatalog	*Zusatzleistungen*
Anbieter	Gesetzliche Kassen und private Versicherungen	Gesetzliche Kassen und private Versicherungen
Teilnahme	Obligatorisch für gesamte Wohnbevölkerung	freiwillig
Leistungen	einheitlich	unterschiedlich
Rahmenbedingungen	Kontrahierungszwang Diskriminierungsverbot	freie Vereinbarung
Finanzierung	Umlage	Kapitaldeckung
Entgelt	kassenspezifische Grundbeiträge	risikoorientierte Prämien
Wettbewerbsbedingungen	einheitlich	einheitlich
Wettbewerbsparameter	Höhe der Grundbeiträge, Service, Qualität	Umfang und Struktur der Leistungen, Prämienhöhe

Tab. 6: Wettbewerb im Gesundheitswesen

Allerdings muß der Ordnungsrahmen vorschreiben, daß jedes Unternehmen die Versicherung des Grundleistungskatalogs separat anbietet. Die Trennung der Marktsegmente erhöht die Transparenz und beugt Mischkalkulationen und Risikoselektion vor. Außerdem verhindert sie, daß die Bindung der Versicherten aufgrund mangelnder Portabilität der Altersrückstellungen, die im kapitalgedeckten Bereich besteht, durch Vertragskopplung auf den Versicherungsbereich der Grundleistungen

übertragen wird. Daher intensiviert die Trennung der Marktsegmente
den Wettbewerb in mehrfacher Hinsicht.

4.2 Pflegeversicherung

Alle Gestaltungsoptionen, die konzeptionell im heutigen System ver-
harren, ferner die Abschaffung der Versicherungspflicht, steuerfinanzierte Leistungen und auch die obligatorische private Pflegeversicherung scheitern letztlich am Schnittstellenproblem, also der Abgrenzung
von Krankheit und Pflegebedürftigkeit. Daher ist eine *Integration der
Pflegeversicherung in den Grundleistungskatalog der Krankenversicherung* vorzugswürdig. Diese Lösung verhindert Fehlanreize an der Schnittstelle
von Krankheit und Pflegebedürftigkeit und trägt dem Umstand Rechnung, daß Pflegebedürftigkeit oft auf vorheriger Erkrankung beruht.
Mit der Integration übertragen sich die oben beschriebenen Vorteile
der wettbewerblichen Organisation der Krankenversicherung auf die
Pflegeversicherung. Darüber hinaus sollte die Pflegestufe I abgeschafft
und sollten die Geldleistungen durch ein Punktsystem ersetzt werden,
das den Pflegebedürftigen Ansprüche auf individuell zusammenge-
stellte Sachleistungspakete gewährt. Der Risikostrukturausgleich ist im
Zusammenhang mit der Integration der Pflege- in die Krankenversicherung neu zu gestalten.

4.3 Höhe der Beiträge

Die Höhe der künftigen Grundbeiträge zur Krankenversicherung einschließlich Pflegeversicherung hängt einerseits von allen bisher beschriebenen Maßnahmen ab – insbesondere vom Kreis der Versicherten und der Ausgestaltung des Grundleistungskatalogs – und andererseits von einer Wertung, inwieweit Erwachsene und Kinder unterschiedliche Beiträge zahlen sollten. Dies ist bereits jetzt zu entscheiden,
weil die künftigen Überlegungen zur finanzpolitischen Begleitung und
zur Quantifizierung davon abhängen. Nach vorläufigen Berechnungen
dürften monatliche Grundbeiträge in Höhe von *190 Euro* für Erwachsene und *75 Euro* für Kinder ausreichen. Aufgrund des Wettbewerbs
zwischen den Versicherern handelt es sich dabei um Durchschnittswerte, die individuelle Abweichungen eines Versicherers nach oben
oder unten nicht ausschließen. In den Genuß des geringeren Kinder-
beitrags kommen alle Personen, für die ein Anspruch auf Kindergeld
nach dem Einkommensteuergesetz besteht. Aufgrund dieser Definition
ist es technisch einfach, Familien mit Kindern über ein höheres Kin-

dergeld für den Wegfall der kostenfreien Mitversicherung zu entschädigen.

5. Umsetzung der Reform

Der Übergang vom bisherigen zum vorstehend skizzierten System ist relativ einfach, weil auch das neue System im Bereich des Grundleistungskatalogs auf der Umlagefinanzierung beruht. Alternative Vorschläge, die einen Wechsel vom Umlage- zum Kapitaldeckungsverfahren insinuieren, werfen demgegenüber unlösbare Probleme auf, die denen bei einem Übergang von umlagefinanzierten zu kapitalgedeckten Renten ähneln.

Ab dem 1. Januar 2005 haben sich alle Personen, die bisher keine Krankenversicherung besaßen oder die in der GKV freiwillig oder pflichtversichert waren, im Umfang des Grundleistungskatalogs zu versichern. Dasselbe gilt für alle neu geborenen oder zugezogenen Personen. Nach Abschluß des Übergangsprozesses ist die gesamte Wohnbevölkerung im neuen System gegen die Risiken von Krankheit und Pflege versichert.

Personen aber, die bereits vor dem Stichtag eine ausreichende private Versicherung abgeschlossen hatten, haben das Recht, diese unbegrenzt weiterzuführen, weil mit ihren Prämien Altersrückstellungen gebildet wurden, die dem Eigentumsschutz unterliegen und nicht einfach durch Entscheidungen des Gesetzgebers sozialisiert werden können. Es steht den zum Stichtag privat Versicherten aber frei, ihren Vertrag zu einem beliebigen Zeitpunkt zu kündigen und damit in das neue System zu wechseln. Ein solcher Wechsel kann vorteilhaft sein, wenn die Summe der Beiträge für den Grundleistungskatalog und etwaig gewünschte Zusatzleistungen unter dem bisherigen Beitrag in der PKV liegt. Der Wechsel der Versicherungsart bedeutet übrigens nicht unbedingt einen Wechsel des Unternehmens, weil auch die privaten Versicherungsunternehmen, wie geschildert, im Bereich des Grundleistungskatalogs tätig sein können. Die nach einer Kündigung zurückbleibende Altersrückstellung sollte den verbleibenden PKV-Versicherten zugute kommen und nicht zum Gewinn des Versicherungsunternehmens gehören.

Sofern ein privates Versicherungsunternehmen keine reine Kapitaldeckung betrieben, sondern diese mit Umlageelementen gemischt hat, werden die Altersrückstellungen nicht ausreichen und die Prämien für die restlichen Versicherten möglicherweise stark steigen. Aufgrund der oben erwähnten Möglichkeit zum Wechsel in das allgemeine System liegt hierin aber keine unzumutbare Härte: Das Schlechteste, was den bisherigen Mitgliedern der PKV zustoßen kann, ist, wie die übrige Bevölkerung gestellt zu sein. Im realistischen Fall sind sie freilich bessergestellt, weil sie bessere Risiken darstellen und an einem System teilhaben, das überwiegend auf Kapitaldeckung beruht. Dieses Privileg konfligiert zwar mit dem Postulat der Verteilungsgerechtigkeit, beruht aber auf politischen Entscheidungen der Vergangenheit, die ohne verfassungsrechtliche Risiken nicht rückwirkend korrigiert werden könnten und daher hinzunehmen sind.

Alle im vorigen Abschnitt beschriebenen Regelungen können zum 1. Januar 2005 in Kraft treten. Dies gilt auch hinsichtlich der Pflegeversicherung und insbesondere für den Wegfall der Pflegestufe I. Weil das Inkrafttreten eines stärker morbiditätsbezogenen Risikostrukturausgleichs der Kranken- und Pflegeversicherung bisher für den 1. Januar 2007 vorgesehen ist, bietet es sich allerdings an, die Pflegeversicherung erst zu diesem Zeitpunkt in den Grundleistungskatalog zu integrieren.

VI Finanzpolitische Begleitung

Wie einleitend bemerkt, behandelt dieser Text grundlegende Reformen der Parafisci – Arbeitslosenversicherung, Rentenversicherung, Kranken- und Pflegeversicherung – unter Einschluß der über den allgemeinen Staatshaushalt finanzierten Arbeitslosenhilfe und Sozialhilfe. Andere Programme, die im weitesten Sinn zur Sozialpolitik zählen, wie etwa Eigenheimzulage, Ausbildungsförderung oder Wohngeld, bleiben ausgeklammert. Das hiesige Kapitel erweitert nicht den Gegenstand der Studie, sondern erörtert lediglich jene Anpassungen, die erforderlich sind, damit

— Maßnahmen, die sozialpolitisch wünschenswert erscheinen, aber nicht über die Sozialversicherungen abgewickelt werden sollten, einen geeigneten Platz erhalten,

— der Übergangsprozeß abgefedert wird und

— unerwünschte finanzielle Verschiebungen zwischen Personen und Institutionen ausgeglichen werden.

Inhaltlich knüpft der Text an die Vorschläge der jeweiligen Abschnitte 4 und 5 aus den vorigen drei Kapiteln an. Seine Gliederung orientiert sich zunächst hieran und mündet dann in eine übergreifende Betrachtung, die insbesondere auf die Verteilungswirkungen eingeht.

1. Sozialhilfe und Arbeitslosenversicherung

Durch den Wegfall des Arbeitslosengeldes und der über den Bundeshaushalt finanzierten Arbeitslosenhilfe werden die Gemeinden als Träger der Sozialhilfe zumindest im Übergangsprozeß belastet. Darüber hinaus sind die Gemeinden künftig dafür verantwortlich, Arbeitsuchenden, die auf dem ersten Arbeitsmarkt keine Arbeit finden, Vollzeitstellen zu vermitteln, deren Entgelt der Sozialhilfe entspricht.

Diesen belastenden Wirkungen stehen allerdings mehrere Entlastungen gegenüber, nämlich die Pauschalierung der Sozialhilfe, die Einbeziehung der Sozialhilfeempfänger in die allgemeine Krankenversicherungspflicht sowie die oben vorgeschlagene Senkung des Sockelbetrags und der Transferentzugsquote für erwerbsfähige Sozialhilfeempfänger.

Die Einsparungen des Bundes übersteigen den verbleibenden Saldo an Mehrbelastungen für die Gemeinden. Daher erscheint es billig, die Gemeinden durch eine Verschiebung der Steuerverteilung zu ihren Gunsten und zu Lasten des Bundes vollständig zu entschädigen. Eine derartige Änderung der Steuerverteilung ist technisch einfach und wurde schon mehrfach – etwa anläßlich der Neuregelung des Kindergeldes Mitte der 1990er Jahre – erprobt. Sie geht auch nicht zu Lasten des Bundes, weil die vorgeschlagene Neugestaltung von Sozialhilfe und Lohnersatzleistungen *gesamtstaatlich* erhebliche Einsparungen bedeutet. Folglich wird der Bundeshaushalt auch im Fall einer vollständigen Entschädigung der Gemeinden entlastet. Die gesamtstaatlichen Einsparungen beruhen sowohl auf der Senkung der Leistungsniveaus als auch auf den positiven Anreizwirkungen der Reform, die erwarten lassen, daß das Niveau der Arbeitslosigkeit erheblich sinkt. Um auf dem Weg zur Vollbeschäftigung rasch voranzukommen, sind begleitende Änderungen im Tarifvertragsrecht erwägenswert, deren Diskussion außerhalb des hier gesteckten thematischen Rahmens liegt.

2. Alterssicherung

Wie in Kapitel IV Abschnitt 5 dargestellt, führt die Einbeziehung der Gesamtbevölkerung in die Rentenversicherungspflicht zu einem Einführungsgewinn, weil ab dem Jahr des Inkrafttretens der Reform jüngere Beamte und Selbständige Beiträge zahlen, während Ältere, die zuvor nicht beitragspflichtig waren, nach dem Prinzip der Teilhabeäquivalenz keine Leistungen der Rentenversicherung erhalten, sondern eine Versorgung nach beamtenrechtlichen Grundsätzen bzw. Leistungen aus privater Vorsorge. Der Einführungsgewinn wird, wie bereits erörtert, nicht zu einer Leistungsausweitung verwendet, sondern zur schrittweisen Senkung des Bundeszuschusses an die Rentenversicherung. Damit ergibt sich für den Bundeshaushalt eine erhebliche Entlastung.

Andererseits erfahren die Haushalte aller dienstherrnfähigen Institutionen – insbesondere Bund, Länder und Gemeinden – im Übergangsprozeß eine zusätzliche Belastung, was am Beispiel einer Gemeinde dargestellt sei: Nach bisherigem Recht versorgt die Gemeinde ihre älteren Beamten durch Pensionen, während sie für die jüngeren keine Beiträge zahlt. Nach Inkrafttreten der Reform liegen die Dienstbezüge jeder neu eingestellten Beamtenkohorte um den Gesamtbeitrag zur Rentenversicherung höher, während die Versorgungsausgaben für ältere Beamte zunächst unverändert bleiben. Damit steigt die Summe der Personal- und Versorgungsausgaben, bis das System nach mehreren Jahrzehnten umgestellt ist und die Gemeinde keine Versorgungslasten mehr zu tragen hat.

Es ist klar, daß Länder und Gemeinden deutlich schlechtergestellt würden, wenn sie für die höheren Personalausgaben keine Kompensation erhielten. Gleichwohl liegt eine sachgerechte Lösung – auch wenn die Dinge zunächst kompliziert erscheinen mögen – auf der Hand, wenn man bedenkt, daß den zusätzlichen Belastungen der Dienstherrn Einführungsgewinne der Rentenversicherung gegenüberstehen. Aufgrund der Senkung des Bundeszuschusses an die Rentenversicherung gewinnt der Bund mehr, als Länder und Gemeinden verlieren; er kann letztere daher vollständig entschädigen, ohne selbst belastet zu werden. Weil Einführungsgewinne und Mehrbelastungen nicht von Dauer sind, sondern nach einigen Jahrzehnten verschwinden, sollte die Entschädigung in diesem Fall nicht über eine Änderung der Steuerverteilung erfolgen, sondern über degressiv ausgestaltete *Versorgungszuschüsse* des Bundes an Länder und Gemeinden, deren Höhe sich an den Rentenversicherungsbeiträgen bzw. den höheren Dienstbezügen neu ernannter Beamter orientiert.

3. Kranken- und Pflegeversicherung

Im Kapitel zur Kranken- und Pflegeversicherung wurde eine Finanzierung durch einkommensunabhängige Grundbeiträge vorgeschlagen, die den heutigen Dualismus aus einkommensabhängigen Beiträgen im Bereich der GKV und Prämien im Bereich der PKV ablöst. Für die privat Krankenversicherten, soweit sie Bestandsschutz genießen, ändert sich damit wenig, weil ihre Prämien auch bisher nicht vom Einkommen abhingen. Andererseits mindert diese Maßnahme für sich genommen das Ausmaß der vertikalen Einkommensumverteilung innerhalb der Gruppe der GKV-Mitglieder. Aus der unterschiedlichen Betroffenheit der beiden genannten Personengruppen folgt, daß es nicht möglich ist, die Umverteilungswirkungen des bisherigen dualen Systems der Krankenversicherung durch einfache Korrekturen des Einkommensteuertarifs zu imitieren – dies wäre auch nicht wünschenswert, weil die Umverteilungswirkungen des dualen Systems, wie oben gezeigt, keine gesellschaftsvertragliche Legitimation haben.

Es kann daher nicht darum gehen, die Verteilungswirkungen des neuen Systems in jeder Hinsicht zu neutralisieren. Vielmehr reicht eine Heraufsetzung der Regelsätze der Sozialhilfe, verbunden mit der weiter unten dargestellten Einkommensteuerreform, zur Kompensation individueller Gewinne und Verluste völlig aus. Somit werden die Regelsätze der Sozialhilfe – getrennt für Erwachsene und Kinder – um die jeweiligen durchschnittlichen Grundbeiträge zur Krankenversicherung angehoben.

4. Wegfall der Arbeitgeberbeiträge

Schon mehrfach wurde dargelegt, warum die traditionelle paritätische Finanzierung der Sozialversicherungen ungeeignet ist. Folglich sollten die Arbeitgeberanteile in allen Gliedern der Sozialversicherung abgeschafft und die Bruttoarbeitsentgelte entsprechend heraufgesetzt werden. Dabei sind die nominalen Beitragssätze zu senken, damit die Effektivbelastung unverändert bleibt. Diese eigentlich unproblematische Maßnahme, die zum Zeitpunkt der Umstellung keinem Arbeitnehmer und keinem Arbeitgeber schadet, hat freilich eine steuerliche Konsequenz: Während der Arbeitnehmerbeitrag zur Sozialversicherung nach § 10 des Einkommensteuergesetzes (EStG) nur bis zu gewissen Höchstbeträgen von der Bemessungsgrundlage abgezogen werden kann, ist der Arbeitgeberbeitrag nach § 3 Nr. 62 EStG beim Arbeitnehmer steuerfrei und beim Arbeitgeber unbeschränkt als Betriebsausgabe abziehbar.

Weil die letztgenannte Vorschrift nach dem Wechsel zu reinen Arbeitnehmerbeiträgen leerläuft und die unveränderten Höchstbeträge bei der großen Mehrheit der Steuerpflichtigen ausgeschöpft wären, käme es ohne flankierende Maßnahmen zu einer drastischen Steuerverschärfung. Diese ist nicht beabsichtigt und würde ein zusätzliches Geldleistungsgesetz erfordern, wie von der sogenannten Rürup-Kommission vorgeschlagen, um die anfängliche Schlechterstellung insbesondere der Geringverdiener durch Rückschleusung des höheren Steueraufkommens auszugleichen. Eine Sozialpolitik, die viel nimmt und denselben Personen viel zurückgibt, widerspricht dem Subsidiaritätsprinzip eklatant und ist daher abzulehnen. Deshalb wird weiter unten ein anderer Lösungsweg aufgezeigt, der die Steuerverschärfung von vornherein vermeidet.

5. Kindergeld

In den vorigen Kapiteln wurde vorgeschlagen, die diversen Familienkomponenten aus der Renten- und Krankenversicherung herauszunehmen, um den Versicherungscharakter der Systeme zu stärken. Die Familienkomponenten betreffen einerseits die Begünstigung Verheirateter, für die kein Ersatz geschaffen werden soll, weil sie gesellschaftsvertraglich nicht zu rechtfertigen ist, und andererseits Vergünstigungen für Kinder.

Im folgenden wird dargestellt, wie Familien mit Kindern für den Wegfall der genannten Vergünstigungen entschädigt werden können, und zugleich wird die Kinderförderung auf eine neue Grundlage gestellt, die vertragstheoretischen und verfassungsrechtlichen Anforderungen genügt.

Das Bundesverfassungsgericht hat in seinen Urteilen zur steuerlichen Berücksichtigung von Kindern festgestellt, daß der Gesetzgeber zwar einen weitgefaßten Gestaltungsspielraum bei der sozialrechtlichen Behandlung von Kindern hat, aber zugleich gehalten ist, die einmal getroffenen sozialrechtlichen Wertungen im Bereich Einkommensteuer beizubehalten und folglich das Existenzminimum des Kindes bei den Eltern steuerfrei zu stellen. Die heutige Kinderförderung genügt diesen Anforderungen kaum, wenn man bedenkt, daß Eltern mit hohem Einkommen *einheitliche* Kinderfreibeträge erhalten, Eltern mit mittlerem Einkommen Kindergeld, dessen Höhe nach der *Kinderzahl* differiert und Sozialhilfeempfänger Regelsätze, die vom *Alter*, vom *Ort* und von der *Stellung des Erziehenden* abhängen (siehe Tab. 1 auf Seite 22). Die Wertungen, auf denen die jeweils unterschiedliche Behandlung von Kindern beruht, sind nicht klar. Darüber hinaus erzeugt der Umstand, daß die Regelsätze der Sozialhilfe meist über dem Kindergeld liegen, einen arbeitsmarktpolitisch falschen Anreiz, weil die Inanspruchnahme von Sozialhilfe bei großer Kinderzahl oft vorteilhafter ist als die Aufnahme einer Erwerbstätigkeit. Der nachstehende Vorschlag zielt auf die Lösung der genannten Probleme ab; er umfaßt folgende Elemente:

— Einheitliches Kindergeld in Höhe von *295 Euro* monatlich,

— Angleichung der Regelsätze für Kinder an diesen Betrag und

— Wegfall des einkommensteuerlichen Kinderfreibetrags.

Vom Kindergeld sind durchschnittlich 75 Euro an die Krankenversicherung zu zahlen, so daß der genannte Betrag einer Förderung in Höhe von 220 Euro nach bisherigem Stand entspricht. Außerdem gilt das Kindergeld den Fortfall der Erziehungszeiten in der Rentenversicherung ab. Weil bisher pro Kind drei Entgeltpunkte zugestanden wurden und der abgezinste Wert einer Rente rund 10 Euro pro Entgeltpunkt und Monat beträgt, bedeutet der Wegfall der Erziehungszeiten eine monatliche Einbuße von rund 30 Euro. Unter der vereinfachenden Annahme einer Übereinstimmung von Rentenbezugsdauer und Zeit der Erziehung des Kindes würde dies durch eine Heraufsetzung des Kindergelds um denselben Betrag ausgeglichen.

Insgesamt hat der Vorschlag folgende Wirkungen auf die verschiedenen Bevölkerungsgruppen:

Familien mit hohen Einkommen erhalten nach Abzug des Grundbeitrags zur Krankenversicherung eine monatliche Förderung in Höhe von 220 Euro. Ihr steuerlicher Vorteil durch den Kinderfreibetrag würde hingegen knapp 215 Euro betragen, wobei der Steuertarif 2005 und der Solidaritätszuschlag berücksichtigt wurden. Weil das Kindergeld für alle Familien den Vorteil durch den Kinderfreibetrag übersteigt, kann letzterer mitsamt der sogenannten „Günstigerprüfung" entfallen. Dies bewirkt eine Steuervereinfachung und eine finanzielle Gleichstellung aller Familien.

Familien mit mittleren Einkommen erhalten bisher, abhängig von der Anzahl der Kinder, 154 oder 179 Euro Kindergeld. Diese Gruppe profitiert von der Erhöhung des Kindergelds am stärksten.

Familien mit Anspruch auf Sozialhilfe sind aufgrund der bislang altersabhängigen Regelsätze für Kinder in unterschiedlicher Weise betroffen. Entscheidend ist aber, daß das neue Kindergeld erheblich über dem Betrag liegt, der für ein Kind bis zum Erreichen der Volljährigkeit durchschnittlich gezahlt wird, nämlich 167 Euro (alte Länder). Für Kinder in der Altersgruppe ab 14 könnte eine Übergangsregelung vorgesehen werden, damit auch diese Familien keine Einbußen erleiden.

Der erheblichen Heraufsetzung des Kindergelds ist gegebenenfalls durch eine Änderung der Einkommensteuerverteilung Rechnung zu tragen.

6. Einkommensteuer

Eine „kleine Reform" der Einkommensteuer flankiert die bisher beschriebenen Schritte in der Weise, daß auch sozialversicherungspflichtige Arbeitnehmer mit geringen Einkommen im Vergleich zum Status quo nicht schlechtergestellt werden. Zugleich dient die Reform dem

Einstieg in eine verfassungskonforme Besteuerung der Renten, die der Gesetzgeber nach einem Urteil des Bundesverfassungsgerichts bis zum 1. Januar 2005, also gerade bis zum Zeitpunkt des Inkrafttretens der hier beschriebenen Reformen, leisten muß.

Nach Plänen der Bundesregierung ist vorgesehen, die Renten der GRV zunächst zur Hälfte zu besteuern und den steuerpflichtigen Anteil über mehrere Jahrzehnte bis auf hundert Prozent wachsen zu lassen. Die damit angepeilte Vollbesteuerung der Renten bedingt umgekehrt einen vollständigen Abzug der Rentenversicherungsbeiträge von der Summe der Einkünfte – und dieser Abzug muß entgegen den Plänen der Bundesregierung *sofort* zugelassen sein, damit die späteren Renten in verfassungskonformer Weise voll besteuert werden können, ohne daß es zu einer Doppelbesteuerung kommt. Bisher scheut die Politik vor dem letztgenannten Schritt zurück, weil sie starke Steuerausfälle befürchtet. Die folgenden Rechnungen zeigen, daß diese Sorge durchaus unbegründet ist, wenn man die Sache geschickt anfaßt. Konkret besteht die vorgeschlagene Reform aus drei Elementen:

— Der Gesamtbeitrag zur GRV ist ab dem 1. Januar 2005 unbeschränkt steuerlich abziehbar.

— Der durchschnittliche Grundbeitrag zur Krankenversicherung ist ebenfalls unbeschränkt abziehbar.

— Der bisherige – der Höhe nach beschränkte – Abzug von Vorsorgeaufwendungen entfällt.

Die erste Maßnahme dient dem Einstieg in eine verfassungskonforme Rentenbesteuerung und dem Zweck, eine steuerliche Mehrbelastung zu verhüten, die sich sonst ergäbe, weil der Arbeitgeberbeitrag zur GRV bei gleichzeitiger Heraufsetzung der Bruttoarbeitsentgelte wegfällt.

Die zweite Maßnahme ist verfassungsrechtlich geboten, weil der durchschnittliche Grundbeitrag zur Krankenversicherung künftig in die Ermittlung des sozialhilferechtlichen Existenzminimums einbezogen wird und das Existenzminimum steuerlich befreit bleiben muß. Alternativ könnte der einkommensteuerliche Grundfreibetrag entsprechend heraufgesetzt werden. Weil nach der Reform alle Bürger der Krankenversicherungspflicht unterliegen und daher alle den durchschnittlichen Grundbeitrag zur Krankenversicherung abziehen können, sind der Abzug und die Heraufsetzung des Grundfreibetrags wirkungsgleiche Maßnahmen.

Alle übrigen Vorsorgeaufwendungen (§ 10 EStG, § 10a EStG, § 3 Nr. 63 EStG) bleiben künftig im Rahmen der Einkommensteuer unberücksichtigt. Damit wird der im Kapitel zur Rentenversicherung begründete Verzicht auf eine staatliche Förderung der privaten und betrieblichen Alterssicherung umgesetzt. Diese Maßnahme erbringt einen erheblichen Gewinn an Systemhaftigkeit und Einfachheit der Besteuerung; sie beseitigt das heutige Steuer- und Subventionschaos im Bereich der Altersvorsorge mit all seinen Abgrenzungsschwierigkeiten und Mitnahmeeffekten.

7. Verteilungswirkungen

In der Demokratie werden Reformen weniger nach dem Kriterium der Gerechtigkeit des neuen Zustands bewertet als vielmehr danach, wie sich die neue Verteilung vom Status quo ante unterscheidet. Obgleich man diese Tatsache bedauern mag, bildet sie eine zu berücksichtigende Nebenbedingung des hiesigen Gesamtvorschlags, doch erscheinen drei kurze Vorbemerkungen angebracht:

Erstens dreht sich die Verteilungsdiskussion gewöhnlich um die Frage, welche Wirkungen eine Maßnahme auf „Arme und Reiche" hat. Dies gilt insbesondere im Hinblick auf die einkommensunabhängigen Grundbeiträge zur Krankenversicherung, denen man ohne genauere Prüfung unterstellt, sie würden die Lage von Personen mit geringem Einkommen verschlechtern. Daß dies nicht stimmt, wird sich gleich zeigen, doch sei betont, daß sich die eigentlichen Verteilungswirkungen nicht entlang der Einkommensskala vollziehen, sondern entlang anderer Skalen, die meist weniger Aufmerksamkeit erheischen: Die hier vorgeschlagene Gesamtreform justiert etwa die Belastung von Arbeitnehmern versus Selbständigen oder die Belastung von Einverdiener- und Mehrverdienerhaushalten neu, und zwar jeweils im Einklang mit den zugrunde liegenden Leitlinien. Ihre Wirkungen auf die vertikale Einkommensverteilung sind dagegen gering.

Zweitens besteht in der öffentlichen Diskussion eine starke Tendenz, die verschiedenen Elemente einer Gesamtreform isolierend zu betrachten. Eine solche verengte Sicht beargwöhnt jede Einzelmaßnahme auf der Grundlage ihrer restringierten Gerechtigkeitsvorstellungen, statt auf die Gesamtwirkung zu schauen. Dabei enthält gerade ein umfassendes Reformpaket, wie es hier vorgestellt wird, zahlreiche gegenläufige und kompensierende Effekte, die in ihrem Zusammenwirken zu einem allseits akzeptablen Ergebnis führen sollten.

Drittens beschränkt sich die folgende Darstellung auf die „Anstoßinzidenz": Sie zeigt nur, welche Wirkungen sich unter Annahme unveränderter Verhaltensweisen ergeben und blendet damit die vorteilhaften Wachstumswirkungen der Reform aus. Diesem Mangel kann erst im folgenden Kapitel abgeholfen werden. Man sollte ihn aber schon jetzt im Auge behalten und bedenken, daß das eigentliche Ziel des Vorschlags die Besserstellung so gut wie aller Mitglieder der Gesellschaft ist.

Dies vorausgeschickt, seien nun die Wirkungen der Reform auf verschiedene Bevölkerungsgruppen betrachtet, und zwar beginnend mit der Gruppe alleinstehender Arbeitnehmer mit geringem Einkommen. Für diese Personen zeigen Tab. 7 und Tab. 8 die Nettoeinkommensverteilungen vor und nach der Reform. Beiden Tabellen liegen folgende gemeinsame Annahmen zugrunde: Der Gesamtbeitrag zur Rentenversicherung beträgt 19,5 Prozent, es gilt der Einkommensteuertarif 2005, und der in diesem Einkommensbereich kaum relevante Solidaritätszuschlag wird vernachlässigt. Die betrachteten Personen machen neben Vorsorgeaufwendungen keine Sonderausgaben oder Werbungskosten geltend und nehmen daher die jährlichen Pauschbeträge in Höhe von 36 Euro für Sonderausgaben und 1.044 Euro für Werbungskosten in Anspruch.

Bruttoarbeitsentgelt	1.000	1.200	1.400	1.600	1.800	2.000
./. AN-Sozialversicherung	210	252	294	336	378	420
./. Lohnsteuer	10	46	94	152	204	259
Nettoeinkommen	780	902	1.012	1.112	1.218	1.322

Tab. 7: Einkommensverteilung vor Reform

Vor der Reform (Tab. 7) betragen die Beitragssätze bei der Arbeitslosenversicherung 6,5 Prozent, bei der Krankenversicherung 14,3 Prozent, was dem heutigen Durchschnittssatz entspricht, und bei der Pflegeversicherung 1,7 Prozent. Folglich beträgt der Gesamtbeitrag zur Sozialversicherung 42 Prozent, wovon je 21 Prozent auf Arbeitgeber und Arbeitnehmer entfallen. Die Lohnsteuer wurde unter Berücksichtigung der beschränkten Abziehbarkeit des Arbeitnehmeranteils als Vorsorgeaufwendung ermittelt.

Nach der Reform (Tab. 8) entfällt der Beitrag zur Arbeitslosenversicherung. Der durchschnittliche Grundbeitrag zur Krankenversicherung (einschließlich Pflegeversicherung) beträgt 190 Euro, wie in Kapitel V

erläutert. Weiterhin wurde das Bruttoarbeitsentgelt um den weggefalle-
nen Arbeitgeberbeitrag zur Sozialversicherung angehoben, so daß die
Lohnkosten jeweils identisch sind. Damit der effektive Beitragssatz zur
Rentenversicherung unverändert bleibt, wird der nominale Satz auf
17,77 Prozent (19,5 Prozent/1,0975) gesenkt. Bemessungsgrundlage
der Lohnsteuer ist das Bruttoarbeitsentgelt abzüglich der Beiträge zur
Renten- und Krankenversicherung und der oben genannten Pauschbeträge.

Bruttoarbeitsentgelt	1.210	1.452	1.694	1.936	2.178	2.420
./. Rentenversicherung	215	258	301	344	387	430
./. Krankenversicherung	190	190	190	190	190	190
./. Lohnsteuer	12	49	95	144	196	249
Nettoeinkommen	793	955	1.108	1.258	1.405	1.551
Änderung durch Reform	+13	+52	+97	+146	+188	+229

Tab. 8: Einkommensverteilung nach Reform

Die letzte Zeile in Tab. 8 zeigt, daß *alle* dargestellten Arbeitnehmer
durch die Gesamtreform gewinnen, sofern der Einkommensteuertarif
unverändert bleibt. Der wichtigste Grund hierfür liegt auf der Hand:
Selbst ein Alleinstehender mit nur 1.000 Euro brutto (nach bisheriger
Definition) zahlt heute schon einen Betrag von 160 Euro zur Kranken-
und Pflegeversicherung. Die Umstellung auf einkommensunabhängige
Beiträge belastet ihn daher nur mit 30 Euro monatlich, was durch die
übrigen Reformelemente mehr als wettgemacht wird – selbst wenn
man den Wegfall des Krankengeldes berücksichtigt, der in diesem Fall
zu einer monatlichen Mehrbelastung von etwa acht Euro führt.

An dieser Stelle könnte der Leser einen Denkfehler vermuten: Wenn
Geringverdiener durch die Umstellung auf einkommensunabhängige
Krankenversicherungsbeiträge kaum berührt und Gutverdienende
entlastet werden – geht die Rechnung dann gesamtwirtschaftlich überhaupt auf? Die Antwort lautet ja, da im heutigen System auch Arbeitnehmer mit geringen Einkommen die beitragsfreie Mitversicherung
von Familienangehörigen mitfinanzieren. Anders ausgedrückt bringt
der Einkommensbezug der Beiträge einem alleinstehenden Geringverdiener nur scheinbar einen Vorteil, weil der Beitragssatz wegen der
Familienkomponente entsprechend hoch ist. Künftig wird die Krankenversicherung der Kinder über ein erhöhtes Kindergeld von allen
Steuerzahlern nach Maßgabe ihrer wirtschaftlichen Leistungsfähigkeit

finanziert. Arbeitnehmer mit niedrigem Einkommen bleiben dabei weitgehend verschont.

Abb. 11 illustriert die in den Tabellen dargestellten Nettoeinkommensverteilungen graphisch. Man erkennt, daß höhere Einkommen absolut, aber auch relativ stärker entlastet werden. Dies gilt allerdings nur bei unverändertem Steuertarif. Durch Tarifänderung kann der Gesetzgeber die Verteilungswirkungen beliebig steuern und gleichzeitig das Steueraufkommen so anpassen, daß der Saldo aus Belastungen und Entlastungen für die öffentliche Hand ausgeglichen wird. Weil der Tarifverlauf von den übrigen Reformelementen unabhängig ist, sind nicht die dargestellten relativen Entlastungen wichtig, sondern die Tatsache, daß eine Umstellung auf einkommensunabhängige Krankenversicherungsbeiträge auch Geringverdiener nicht schlechter stellt und ein zusätzliches Geldleistungsgesetz zumindest bei Arbeitnehmern überflüssig ist.

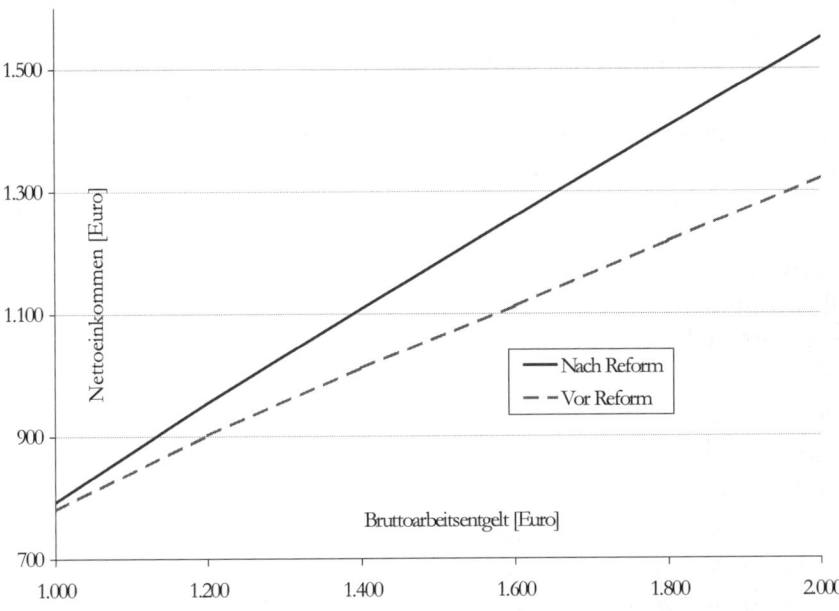

Abb. 11: Verteilungswirkungen der Reform

Während die Einkommenseffekte der Reform, wie gesehen, eher gering zu veranschlagen sind, ergeben sich starke Wirkungen in bezug auf die *Grenzbelastungen* der Arbeitseinkommen. Bezogen auf die Lohnkosten liegt die Grenzbelastung vor der Reform zwischen 50 und 60 Prozent, was bedeutet, daß sogar einem ausgesprochenen Geringverdiener von jedem zusätzlich aufgewendeten Euro des Arbeitgebers kaum die Hälfte verbleibt. Nach der Reform sinken die Grenzbelastungen auf 30 bis unter 40 Prozent und liegen um fast 20 Prozentpunkte niedriger. Hiervon sind erhebliche Anreizwirkungen zu erwarten; außerdem dürften Abgabenwiderstand und Schwarzarbeit sinken.

Die bisherigen Betrachtungen bezogen sich auf alleinstehende Arbeitnehmer. Für andere Gruppen ergeben sich folgende Änderungen:

Alleinerziehende Arbeitnehmer haben von der Reform einen größeren Vorteil als Alleinstehende, weil sie nicht nur von den bereits dargestellten Wirkungen profitieren, sondern außerdem ein höheres Kindergeld erhalten. Das neue Kindergeld von 295 Euro liegt auch nach Abzug des Krankenversicherungsbeitrags von 75 Euro deutlich über dem heutigen Wert.

Kinderlos verheiratete Arbeitnehmer werden ähnlich begünstigt wie Alleinstehende; dies zeigen die beiden folgenden Gedankenschritte: Erstens entspricht die Belastung zweier Ehegatten, die jeweils z. B. 1.000 Euro verdienen, aufgrund des einkommensteuerlichen Splittingverfahrens der Belastung zweier Alleinstehender mit jeweils 1.000 Euro Einkommen. Zweitens ist die Belastung im Bereich geringer bis mittlerer Einkommen *vor und nach* der Reform unabhängig davon, ob beide Ehegatten Einkommen erzielen oder nur einer. Diese Tatsache beruht ebenfalls auf dem Ehegattensplitting und außerdem darauf, daß die Sozialversicherungsbeiträge linear mit dem Einkommen wachsen. Allein im Fall eines Überschreitens der Beitragsbemessungsgrenze ergibt sich ein gegenläufiger Effekt, der jedoch im Sinne der Reformleitlinien berechtigt ist.

Arbeitnehmerfamilien mit Kindern gewinnen durch die Reform in gleichem Maße wie Alleinerziehende, weil das erhöhte Kindergeld die zusätzlichen Grundbeiträge zur Krankenversicherung mehr als wettmacht.

Selbständige und Unternehmer werden durch die Einbeziehung in das neue Krankenversicherungssystem kaum berührt, weil sie bereits einkommensunabhängige Prämien zahlten. Soweit nicht schon zuvor freiwillige oder Pflichtmitgliedschaft in der GRV bestand, bedeutet die Rentenversicherungspflicht eine (gerechtfertigte) Belastung, die allerdings unter dem gezahlten Beitrag liegt, da mit den Beitragszahlungen teilhabeäquivalente Rentenansprüche entstehen. Im Fall von Kindern ergeben sich auch bei dieser Personengruppe die bereits genannten Besserstellungen.

Beamte und Pensionäre verbleiben in ihren bisherigen Positionen und werden daher nur durch mögliche Anpassungen des Einkommensteuertarifs berührt. Für neu ernannte Beamte besteht Renten- und Krankenversicherungspflicht bei entsprechend erhöhten Bruttoentgelten.

Rentner profitieren wegen der Teilbesteuerung der Renten nur wenig von der neuen vollen Absetzbarkeit der Sozialversicherungsbeiträge. Daher ist eine Kompensation in diesem Fall nicht notwendig gegeben. Diesem Umstand steht jedoch zweierlei gegenüber: Erstens werden die Rentner anders als in Alternativvorschlägen nicht durch höhere Sozialversicherungsbeiträge (etwa eine Extraprämie zur Pflegeversicherung) belastet. Zweitens zeigt ein horizontaler Vergleich, daß Rentner auch nach der Reform deutlich bessergestellt sind als Arbeitnehmer: Ein alleinstehender Rentner mit einer Monatsrente von 1.210 Euro – die auf weitgehend steuerfreien Beiträgen der Vergangenheit beruht – verfügt nach der Reform über ein Monatsnetto von 1.020 Euro, wenn die Rente zur Hälfte besteuert wird (damit faktisch steuerfrei bleibt) und er den gewöhnlichen Krankenversicherungsbetrag zahlt. Ein Arbeitnehmer mit demselben Bruttoeinkommen verfügt, wie Tab. 8 zeigt, nur über 793 Euro. Die mangelnde steuerliche Kompensation für die Rentner ist insofern bloß mathematischer Reflex ihrer Besserstellung gegenüber anderen Personen mit gleichen Einkommen, und diese Privilegierung der Rentner bleibt bis zum Erreichen der Vollbesteuerung der Renten bestehen.

Die Lage von *Sozialhilfeempfängern* – also Personen mit noch geringeren als den oben dargestellten Einkommen – ändert sich durch die Umstellung der Krankenversicherungsbeiträge nicht, weil letztere vom Sozialhilfeträger übernommen werden. Mögliche Besser- oder Schlechterstellungen in dieser Personengruppe resultieren vielmehr aus der in Kapitel III dargestellten 50-Prozent-Reform, in deren Zug der Sockelbetrag und die Anrechnungsquote gesenkt werden.

8. Zusammenfassende Darstellung

Abschließend seien die auf die Gebietskörperschaften und Parafisci zukommenden Belastungen und Entlastungen synoptisch dargestellt. Dabei bedeutet ein „–" Haushaltsbelastungen, also Mehrausgaben oder Mindereinnahmen, und ein „+" Entlastungen, also Minderausgaben oder Mehreinnahmen. Die dargestellten Größen gehen in den quantitativen Ansatz des folgenden Kapitels ein; kleinere finanzielle Änderungen, etwa der Ersatz der Beihilfe durch Grundbeiträge zur Kran-

kenversicherung für künftige Beamte, bleiben außer Betracht. Nicht
dargestellt sind Steuermehreinnahmen, die auf die Rentenbesteuerung
entfallen, sowie Einnahmeänderungen aufgrund einer etwaigen Tarifre-
form.

> **Krankenversicherung**
>
> + Grundleistungskatalog
> + Wegfall Pflegestufe I
> + Wegfall Familienmitversicherung
> + Beiträge neuer Mitglieder (Beamte usw.)
> – Leistungen für neue Mitglieder

Weil die neuen Mitglieder eine günstigere Risikostruktur als die bisherigen aufweisen, überwiegen bei der Krankenversicherung einschließlich Pflegeversicherung die Entlastungen deutlich, was eine Senkung
des durchschnittlichen Beitrags erlaubt.

> **Rentenversicherung**
>
> + Einführungsgewinn durch neue Mitglieder
> + allmählicher Wegfall der Familienkomponenten
> + Rentenanstieg gemäß Wachstumsrate Lohnsumme
> – Bundeszuschuß

Im Fall der Rentenversicherung sind die finanziellen Auswirkungen
leicht abzuschätzen, weil der Bundeszuschuß im Gleichschritt mit den
Entlastungen vermindert wird. Der Beitragssatz bleibt zunächst unverändert.

Länder

+ Versorgungszuschüsse vom Bund
– Beamtenbesoldung
– Kindergeld
+ Einkommensteueranteil

Die Versorgungszuschüsse des Bundes an Länder und Gemeinden werden nach dem erhöhten Besoldungsaufwand bemessen, so daß sich diese Teilwirkungen bei Ländern und Gemeinden saldieren. Der erhöhte Einkommensteueranteil der Länder entspricht ihrem Anteil am höheren Kindergeld. Damit bleibt die finanzielle Lage der Länder unverändert.

Gemeinden

+ Versorgungszuschüsse vom Bund
– Beamtenbesoldung
– Kindergeld
+ Einkommensteueranteil
– Anzahl Sozialhilfeempfänger
– Vermittlung von Vollzeitstellen
+ Pauschalierung Sozialhilfe
+ Senkung Sockelbetrag und Transferentzugsquote
   für arbeitsfähige Sozialhilfeempfänger
+ Krankenversicherung Sozialhilfeempfänger

Ähnliches gilt für die Gemeinden, deren erhöhter Einkommensteueranteil die zu erwartenden höheren Sozialhilfeausgaben ausgleicht. Auch im Fall der Gemeinden werden die höheren Ausgaben für Kindergeld durch eine Korrektur der Einkommensteuerverteilung ausgeglichen.

Bund

\+ Bundeszuschuß zur Rentenversicherung
\+ Zuschuß an die Bundesanstalt für Arbeit
\+ Arbeitslosenhilfe
\- Übergangs-Arbeitslosengeld
\- Versorgungszuschüsse an Länder und Gemeinden
\- Beamtenbesoldung
\- Kindergeld
\- Einkommensteueranteil

Um die Wirkungen auf den Bundeshaushalt abzuschätzen, muß man sich folgendes klar machen: Der Einführungsgewinn der Rentenversicherung und damit erst recht die Reduktion des Bundeszuschusses übersteigen die Belastung des Bundes durch höhere Besoldungsausgaben und Versorgungszuschüsse an Länder und Gemeinden, weil nicht nur Beamte, sondern auch Unternehmer und Selbständige in die Versicherungspflicht einbezogen werden. Daher verbleibt in diesem Bereich ein positiver Saldo zugunsten des Bundeshaushalts.

Auch die Einsparungen des Bundes im Bereich der Lohnersatzleistungen übersteigen die Einbußen durch den verminderten Einkommensteueranteil, soweit er die Mehrbelastungen der Gemeinden ausgleicht, weil die Lohnersatzleistungen gewöhnlich über den Leistungen der Sozialhilfe liegen. Diesen entlastenden Elementen gegenüber stehen höhere Aufwendungen für das angehobene Kindergeld und die hierauf entfallende Änderung der Steuerverteilung.

VII Quantifizierung der Reformwirkungen

Im obigen Text wurde eine Gesamtreform vorgestellt, die alle Glieder der sozialen Sicherung umfaßt. Manche Verteilungswirkung eines Reformelements, die bei isolierter Betrachtung ungünstig erscheinen mag, stellt sich in Ansehung der Gesamtreform vorteilhafter dar, weil die Teilmaßnahmen oft gegenläufig auf den Wohlstand bestimmter Bevölkerungsgruppen einwirken – wer hier verliert, gewinnt dort. Das Gesamtpaket ist so konzipiert, daß möglichst alle gewinnen. Um jedoch die Mechanik der einzelnen Reformelemente zu verdeutlichen, werden einige von ihnen zunächst getrennt dargestellt.

1. Sozialhilfe

Erwerbsfähige Sozialhilfeempfänger erhalten nach der Reform, wie in Kapitel III Abschnitt 3.1 ausgeführt, einen halbierten Sockelbetrag, indem der Regelsatz für diese Personengruppe entfällt, während die Unterkunftskosten weiterhin übernommen werden. Zugleich werden die Anrechnungsbestimmungen für diese Personengruppe stark gelockert: Die Transferentzugsquote beträgt Null, bis das Nettoarbeitsentgelt die Kürzung des Regelsatzes wettgemacht hat und das Gesamteinkommen das bisherige Sozialhilfeniveau erreicht. Demnach könnte ein Alleinstehender rund 300 Euro verdienen, ohne daß die Sozialhilfe gekürzt wird. Nettoeinkommen oberhalb dieses Betrags werden zur Hälfte angerechnet, bis die Sozialhilfegrenze erreicht ist, bei der kein Transfer mehr gezahlt wird. Folglich liegt die Sozialhilfegrenze für Alleinstehende bei 900 Euro netto.

Leben in einem Haushalt mehrere erwerbsfähige Erwachsene, werden grundsätzlich nur deren Regelsätze gekürzt, während die Regelsätze für Kinder nicht betroffen sind. Allerdings wird unterstellt, daß bei Haushalten mit mehr als zwei Kindern einer der Erwachsenen als nicht erwerbsfähig gilt, so daß in diesem Fall nur der Regelsatz des anderen Erwachsenen gekürzt wird. Bei Alleinstehenden mit mehr als zwei Kindern kommt es entsprechend nicht zu einer Kürzung.

a) Unmittelbare Wirkungen auf das Arbeitsangebot: Unter diesen Voraussetzungen zeigen die Modellrechnungen ein deutlich steigendes Arbeitsangebot der Sozialhilfeempfänger: Bei unveränderten Löhnen

würden gut 400.000 Hilfeempfänger – das sind 40 Prozent der erwerbsfähigen Hilfeempfänger – eine Arbeit aufnehmen. Dieser Effekt
ist bei Alleinstehenden am stärksten ausgeprägt. Freilich nehmen die
meisten Hilfeempfänger eine Teilzeitarbeit auf. Das Volumen der sozi-
alversicherungspflichtigen Arbeitsentgelte steigt daher nur um ein Prozent.

Weil die Sozialhilfegrenze durch diesen Reformschritt leicht angehoben wird – sie steigt, wie Abb. 5 auf Seite 41 zeigt, auf rund 1.200 Euro
brutto –, erhalten zusätzliche Personen einen Anspruch auf ergänzende
Sozialhilfe. Dies könnte durch einen stärkeren Transferentzug vermieden werden, der aber die Arbeitsanreize schwächen würde, oder durch
eine noch stärkere Senkung des Sockelbetrags, die verteilungspolitisch
problematisch erscheint. Weil die zusätzlich Anspruchsberechtigten
aber nur geringe Beträge erhalten, fällt dieser Faktor kaum ins Gewicht.

Insgesamt sinken die Sozialhilfeausgaben in der Modellrechnung um
rund 2 Milliarden Euro, während die Steuern und Sozialversicherungsbeiträge um rund 1,5 Milliarden Euro zunehmen. Diese Anstoßwir-
kungen treten freilich nur bei unveränderten Löhnen auf, eine Annahme, die in der folgenden Gleichgewichtsbetrachtung aufgehoben wird.

b) Kurzfristige Wirkungen: Die zweite Simulation stellt die kurzfristigen
Wirkungen dieses Reformteils im allgemeinen Gleichgewicht dar, wobei „kurzfristig" bedeutet, daß zwar die Löhne an das neue Arbeitsangebot angepaßt wurden, nicht aber der Kapitalbestand. Man beachte,
daß dies eine unrealistische Annahme ist, die nur der Verdeutlichung
der Wirkungen dient. Eilige Leser können diesen Absatz überspringen.

Bei konstantem Kapitalbestand verschiebt das zusätzliche Arbeitsangebot der Sozialhilfeempfänger die Gleichgewichte auf den einzelnen
Arbeitsmärkten. Im Rahmen der kollektiven Lohnverhandlungen werden die „Drohpunkte" nach unten angepaßt, und die Bruttolöhne sinken. Diese Wirkung ist im Bereich der gering Qualifizierten am stärksten, weil die Sozialhilfe hier die größte Bedeutung hat. Mit der Lohn-
senkung gehen eine Zunahme der Beschäftigung und des Bruttoinlandsprodukts einher. Soweit der Realkapitalbestand noch unverändert
bleibt, steigt die Grenzproduktivität des Kapitals, was einen drastischen
Anstieg der Investitionen bewirkt, den Kapitalbestand aber konstrukti-
onsgemäß erst später erhöht. In der kurzen Frist steigt der Anteil der
Kapitaleinkommen, während die Lohnquote umgekehrt sinkt.

Bei den Sozialhilfeempfängern kommt es zu einer schwächeren Zunahme der Beschäftigung als in der obigen Angebotsbetrachtung, weil die Löhne sinken. Entsprechend gehen die Sozialhilfeausgaben weniger stark zurück. Die Ausgaben für Lohnersatzleistungen sinken geringfügig (um 0,28 Prozent), weil auch andere Arbeitslose eine Beschäftigung finden. Die aggregierte Beschäftigung nimmt um 0,6 Prozent zu, im Bereich gering Qualifizierter um 2 Prozent. Der Beschäftigungsanstieg betrifft nicht nur bisherige Sozialhilfeempfänger, sondern auch die übrige Bevölkerung.

Die Bruttolöhne sinken besonders bei den gering Qualifizierten (nämlich um 2,7 Prozent), aber auch bei den anderen Beschäftigten (1,3 Prozent). Weil die Löhne kurzfristig stärker sinken als die Beschäftigung steigt, gehen die Lohnsumme (um 0,8 Prozent), die Lohnsteuereinnahmen und die Einnahmen der Sozialversicherungen zurück. Demgegenüber nehmen das Bruttoinlandsprodukt und das Volkseinkommen um 0,3 Prozent zu. Dieser Anstieg ist wegen des fixierten Kapitalbestands relativ gering. Die gesamten Staatseinnahmen – Steuern und Sozialversicherungsbeiträge – sinken leicht, und zwar aus zwei Gründen. Erstens macht der Zuwachs der Kapitaleinkommen den Rückgang der Lohneinkommen nicht wett, weil die Marginalbelastung im ersten Fall geringer ist. Zweitens steigen die Investitionen stark an, während der Konsum unverändert bleibt. Als Folge nimmt das Umsatzsteueraufkommen zunächst nicht zu.

Weil die geringeren Ausgaben für Sozialhilfe und Lohnersatzleistungen und die geringeren Staatseinnahmen sich ungefähr die Waage halten, müßte der Einkommensteuertarif bei konstantem Defizit nur um den vernachlässigbaren Wert von 0,03 Prozentpunkten angehoben werden.

c) Mittelfristige Wirkungen: Entscheidend für eine Einschätzung der Gesamtwirkung ist nun, daß der Kapitalbestand durch höhere Renditen und Investitionen mittelfristig um gut ein Prozent gegenüber dem Status quo steigt. Damit wachsen die Löhne und die Staatseinnahmen, während die Kapitalrendite und die Lohnquote nach Abschluß des Anpassungsprozesses auf ihren ursprünglichen Wert zurückgehen. Auf Dauer kommt es daher nicht zu einer Umverteilung zwischen Arbeit und Kapital, und die Umverteilungswirkungen sind um so geringer, je schneller sich der Kapitalbestand anpaßt.

Das Bruttoinlandsprodukt nimmt ebenfalls (um 1,1 Prozent) zu. Unter der Voraussetzung eines konstanten Staatsverbrauchs kommt der Produktionszuwachs voll dem privaten Sektor zugute, so daß die Staatsquote sinkt. Bei einem ebenfalls als konstant angenommenen Staatsdefizit erlaubt dieser Reformschritt eine Senkung der Einkommensteuersätze über den gesamten Tarifverlauf um 0,85 Prozentpunkte.

Während die Bruttolöhne der höher Qualifizierten um 0,5 Prozent steigen, liegen die Bruttolöhne gering Qualifizierter auch mittelfristig (um 1,8 Prozent) niedriger als vor der Reform. Wegen der eben genannten Möglichkeit, die Einkommensteuer zu senken, fällt der Rückgang der Nettolöhne allerdings schwächer aus.

Insgesamt gewinnen die höher Qualifizierten sowohl durch gestiegene Bruttolöhne als auch durch eine niedrigere Steuerbelastung. Die gering Qualifizierten scheinen auf den ersten Blick zu verlieren, aber dies gilt nur für diejenigen unter ihnen, die vor der Reform noch einen Arbeitsplatz hatten. Die vormals Arbeitslosen gewinnen durch die Zunahme der Beschäftigung. Die Sozialhilfeausgaben sinken um 2,2 Milliarden Euro, und ebenso sinken die Ausgaben für Lohnersatzleistungen (um 1,4 Milliarden Euro), weil die Beschäftigung insbesondere der gering Qualifizierten zunimmt.

2. Arbeitslosengeld und Arbeitslosenhilfe

Durch die Maßnahmen im Bereich der Lohnersatzleistungen sinken die Sozialversicherungsbeiträge mechanisch um 6,5 Prozentpunkte. Damit geht die Grenzbelastung der Arbeitseinkommen allmählich zurück. Darüber hinaus entstehen stärkere Anreize, Arbeitslosigkeit zu vermeiden oder die Dauer einer bereits eingetretenen Arbeitslosigkeit zu verkürzen. Hinzu kommt, daß zwar einige Arbeitslose, die nicht vorgesorgt haben und die auch nicht durch den Ehepartner oder andere Angehörige unterstützt werden, in die Sozialhilfe abgleiten, die hierdurch induzierten Ausgaben aber wegen des geringeren Leistungsniveaus unter den Ausgaben für Lohnersatzleistungen liegen.

Zunächst seien die mittelfristigen Wirkungen dieses Reformteils unter der Annahme einer Beibehaltung der bisherigen Sozialhilferegelungen dargestellt: Nach Abschaffung der Lohnersatzleistungen und Anpassung des Kapitalbestands steigt das Arbeitsangebot um 2,7 Prozent. Dabei ist die relative Zunahme in den unterschiedlichen Qualifikationsgruppen ungefähr gleich. Hierin liegt ein entscheidender Unterschied zur Sozialhilfereform, der darauf beruht, daß Lohnersatzleistungen wegen der einheitlichen Ersatzquote ähnliche Bedeutung für niedrig und hoch Qualifizierte haben. Genau besehen haben sie für hoch Qualifizierte sogar eine größere Bedeutung, weil die Arbeitslosenunterstützung bei niedrig Qualifizierten unter dem Sozialhilfeniveau liegen kann und dann leerläufig ist.

Da für 100 Euro gesparter Lohnersatzleistungen rund 28 Euro Sozialhilfe gezahlt werden, steigen die Sozialhilfeausgaben bei Wegfall der Lohnersatzleistungen nur um rund 10 Milliarden Euro. Weil dieser Betrag unter den Aufwendungen des Bundes allein für Arbeitslosenhilfe liegt – der Wegfall des Arbeitslosengeldes wird durch den Wegfall der Beiträge zur Arbeitslosenversicherung kompensiert –, erfordert dieses Reformelement für sich genommen keine Steuererhöhung, um zusätzliche Sozialhilfeausgaben zu finanzieren. Ganz im Gegenteil können die Einkommensteuersätze im gesamten Tarifverlauf um rund 0,15 Prozentpunkte gesenkt werden.

Insgesamt hat der Wegfall der Lohnersatzleistungen günstigere Verteilungswirkungen als die Sozialhilfereform: Die Bruttolöhne liegen nach Abschluß der Anpassungen nur geringfügig (um 0,54 Prozent) niedriger, was durch den Wegfall der Beiträge zur Arbeitslosenversicherung mehr als wettgemacht wird. Daher steigen auch die Nettolöhne der gering Qualifizierten um 2,7 Prozent, während sie bei der Sozialhilfereform zu Gunsten der Nettolöhne höher Qualifizierter sanken. Aus den höheren Einkommen muß freilich die Eigenvorsorge gegenüber Arbeitslosigkeit bestritten werden, wenn ein Sicherungsniveau oberhalb der Sozialhilfe gewünscht ist. Die Nettolöhne der höher Qualifizierten nehmen etwas stärker zu, nämlich um 3,3 Prozent.

3. Alterssicherung

Im Gegensatz zu den bisher beschriebenen Reformschritten haben die Änderungen bei der Alterssicherung keine kurzfristigen Beschäftigungs- und Wohlstandswirkungen. Dies liegt vor allem an den in Kapitel IV Abschnitt 5 beschriebenen Übergangsregelungen, die dem Vertrauensschutz dienen und schlagartigen Effekten entgegenstehen. Der Wegfall von Hinterbliebenensicherung und Anrechnungszeiten betrifft nur Personen, die in ferner Zukunft Rente erhalten. Auch die Änderung der Rentenformel entfaltet erst allmählich – bis zum Jahre 2040 – ihre volle Wirkung. Und schließlich führt der sofortige Einbezug von Selbständigen und Beamten in die Versicherungspflicht zwar zu einem Anstieg der Beitragseinnahmen, doch dient dieser einer Rückführung des Bundeszuschusses. Die im Umlageverfahren steckende implizite Staatsschuld wird damit nicht reduziert, sondern auf mehr Schultern verteilt.

Durch den letztgenannten Reformschritt steigt die Grenzbelastung der Einkommen der Selbständigen, während die Grenzbelastung der Arbeitnehmereinkommen sinkt. Im Saldo entstehen dabei kaum Effizienzgewinne. Fraglich ist, inwieweit die Einbeziehung der bisher berufsständisch Versicherten zumindest im Übergang entlastend wirkt. Dies hängt vom Grad der Kapitaldeckung in den berufsständischen Versorgungswerken ab, worüber keine zuverlässigen Angaben vorliegen. Daher unterstellen die Rechnungen, daß die Einbeziehung dieser Gruppe keine Entlastung bringt; diese vorsichtige Annahme führt zu einer Unterschätzung der Reformwirkungen.

Die tatsächlichen Entlastungen aufgrund des Wegfalls von Hinterbliebenensicherung und Anrechnungszeiten und die geänderte Rentenformel treten erst langsam ein und werden weiter unten bis zum Jahre 2050 simuliert.

4. Mittelfristige Gesamtschau

Vordergründig liegt die verteilungspolitische Crux des Gesamtvorschlags darin, daß Arbeitnehmer mit geringen Einkommen durch den Wechsel von einkommensabhängigen Krankenversicherungsbeiträgen zu Grundbeiträgen scheinbar belastet werden. Im Rahmen der finanzpolitischen Begleitung (Kapitel VI) wurde jedoch gezeigt, daß sich dieses Problem ausräumen läßt, wenn auch Kinder beitragspflichtig sind. Durch die Beitragspflicht der Kinder sinkt die Belastung Erwachsener mechanisch auf ein akzeptables Niveau. Damit nun Familien mit Kindern nicht stärker belastet werden, wurde außerdem vorgeschlagen, das Kindergeld um den Grundbeitrag zur Krankenversicherung und um den Barwert der wegfallenden Anrechnungszeiten zu erhöhen. Die starke Anhebung des Kindergelds auf 295 Euro monatlich und der Anstieg der Sozialhilfeausgaben infolge des Wegfalls der Lohnersatzleistungen bedeuten für sich genommen eine starke Belastung der öffentlichen Haushalte. Bisher war offen geblieben, wie sich diese Belastung auf den Einkommensteuertarif auswirkt, wenn man ein gegebenes Defizit der öffentlichen Haushalte unterstellt.

Die makroökonomische Quantifizierung liefert nun diesen letzten, bisher fehlenden Baustein. Nach den Rechnungen reicht zur Finanzierung der Gesamtreform eine geringfügige Anhebung der Einkommensteuersätze im gesamten Tarifverlauf um etwa 0,35 Prozentpunkte aus. Dieses Ergebnis ist von großer Bedeutung, weil es zeigt, daß die starke Senkung der Grenzbelastung der Arbeitseinkommen von rund 42 Prozent auf rund 20 Prozent auch bei Beachtung verteilungspolitischer Gesichtspunkte keine Steuererhöhung von auch nur annähernd vergleichbarer Größenordnung erfordert. Ganz im Gegenteil ermöglicht die Gesamtreform eine Halbierung der einkommensabhängigen Beiträge bei fast unveränderter Steuerlast. Die gesamte Grenzbelastung der Arbeitseinkommen sinkt damit drastisch.

Die Ursache für diese positiven Wirkungen ist klar: Im Zuge der Reform steigen die Beschäftigung und das Bruttoinlandsprodukt um jeweils rund 5 Prozent (Niveaueffekt). Aus diesem Beschäftigungs- und Wachstumseffekt resultieren höhere Beitragseinnahmen und Steuereinnahmen, während die Ausgaben zur Finanzierung der Arbeitslosigkeit sinken. Das zusätzliche Steueraufkommen reicht zur Finanzierung der höheren Ausgaben für Kindergeld und Sozialhilfe weitgehend aus. Die Bruttolöhne gering Qualifizierter sinken um fünf Prozent, die Lohnkosten um 14 Prozent. Hierin liegt der entscheidende Treibsatz für die höhere Beschäftigung in diesem Arbeitsmarktsegment. Infolge der starken Reduktion der Grenzbelastung nehmen die Nettolöhne aber auch in diesem Marktsegment zu, und zwar um 4,5 Prozent. Bei den höher Qualifizierten steigen die Nettolöhne um 9,5 Prozent, während die Lohnkosten um 9,3 Prozent sinken. Man beachte hierbei, daß die genannten Zahlen keine mechanischen Änderungen darstellen, deren Summe jeweils gleich sein muß, sondern Gleichgewichtswirkungen, die Anpassungen der Marktlöhne berücksichtigen. Aus diesen Einkommen sind die Grundbeiträge zur Krankenversicherung zu bestreiten.

Weil im neuen System die Rentenausgaben proportional zur Lohnsumme steigen, nehmen die individuellen Renten zu, und zwar um fünf Prozent. Darüber hinaus wurden die Renten in den Rechnungen um den bisherigen Beitrag zur Kranken- und Pflegeversicherung aufgestockt, der im Basisjahr der Simulation 7,6 Prozent der Rente betrug. Damit steigen die Renten insgesamt um 13 Prozent. Hiervon sind die Grundbeiträge zur Krankenversicherung in Höhe von 190 Euro abzuziehen. Für einen alleinstehenden Rentner ist die Umstellung der Finanzierung der Krankenversicherung daher bei einer monatlichen Nettorente von 920 Euro belastungsneutral, für ein Rentnerpaar liegt die Grenze bei 1.820 Euro. Für Rentner mit niedrigen *Gesamteinkommen* könnte an ergänzende Leistungen gedacht werden, wenn diese Personen durch den Systemwechsel nicht schlechtergestellt werden sollen.

Die Ausweitung des Versichertenkreises der Rentenversicherung erhöht die Zahl der Versicherungspflichtigen um 3,6 Millionen oder 13,5

Prozent. Damit steigen die Beitragseinnahmen der Rentenversicherung im ersten Jahr nach der Umstellung um rund 30 Milliarden Euro. In den Rechnungen wurde berücksichtigt, daß Selbständige im Durchschnitt über ein höheres Einkommen verfügen als abhängig Beschäftigte. Die zusätzlichen Einnahmen dienen vollständig zur Rückführung des Bundeszuschusses. Bei unverändertem Staatsdefizit erlaubt der Rückgang des Bundeszuschusses rechnerisch eine Senkung der Einkommensteuersätze um 6 Prozentpunkte, was einem Volumen von rund 31 Milliarden Euro entspricht. Allerdings sollte dieser Betrag zur Senkung der hohen Nettoneuverschuldung verwendet werden, um die Nachhaltigkeit des Gesamtsystems nicht zu gefährden.

5. Entwicklung bis zum Jahre 2050

In diesem letzten Abschnitt wird die Zukunft der sozialen Sicherungssysteme bis zum Jahre 2050 vorausgeschätzt. Dies geschieht in Form zweier Szenarien: Das erste Szenario, die *Status-quo-Projektion*, beschreibt die voraussichtliche Entwicklung für den Fall, daß keine Reformen durchgeführt werden, während das *Reformszenario* die Wirkungen der oben beschriebenen Gesamtreform darstellt.

a) Gemeinsame Annahmen: Alle Projektionen beruhen auf der mittleren Variante der zehnten koordinierten Bevölkerungsvorausberechnung. Diese nimmt die in Tab. 9 dargestellte Entwicklung der Lebenserwartungen Neugeborener und Älterer an. Darüber hinaus unterstellt die mittlere Variante eine konstante Rate von 1400 Geburten je 1000 Frauen sowie einen jährlichen Einwanderungsüberschuß von 200.000 Personen.

Lebenserwartung	Sterbetafel 1998/2000		Prognose 2050	
	Männer	Frauen	Männer	Frauen
Bei Geburt	74,8	80,8	81,1	86,6
Im Alter von 60 Jahren	19,2	23,5	23,7	28,2

Tab. 9: Entwicklung der Lebenserwartung

Hinsichtlich der Bruttolöhne wurde unterstellt, daß sie sich ähnlich wie in der Vergangenheit entwickeln: Zwischen 1991 und 2000 wuchs das durchschnittliche Bruttoarbeitsentgelt (ohne Arbeitgeberanteil zur Sozialversicherung) real um weniger als 1 Prozent pro Jahr. Dieser Trend wird langfristig fortgeschrieben.

Das Arbeitsvolumen hat sich im Segment der versicherungspflichtigen Beschäftigung in den letzten fünfzehn Jahren sehr schwach entwickelt; es ist zugunsten anderer Formen der Erwerbstätigkeit erodiert. Dieser Prozeß schmälert die Finanzierungsbasis aller Zweige der Sozialversicherung. Beim Festhalten am Status quo würden die Anreize zur Flucht aus versicherungspflichtigen Beschäftigungsverhältnissen aller Voraussicht nach wachsen, weil die Beitragssätze steigen. Gleichwohl beruht die Status-quo-Projektion auf der eher optimistischen Annahme, daß der Anteil der sozialversicherungspflichtig Beschäftigten an den Erwerbstätigen wie in der Vergangenheit um jährlich 0,1 Prozent sinkt. Im Reformszenario wird diese Erosion gestoppt, weil die Anreize, sich der Beitragspflicht zu entziehen, vollständig entfallen. Die Anreize entfallen, weil allein der Beitrag zur Gesetzlichen Rentenversicherung als lohnabhängiger Beitrag verbleibt und dieser von allen Erwerbstätigen zu zahlen ist.

Schließlich wurde bezüglich der Erwerbsbeteiligung folgendes unterstellt: Bei Männern beträgt die Erwerbsbeteiligung derzeit rund 95 Prozent, so daß sie sich in den kommenden Jahrzehnten kaum nach oben bewegen wird. Zuwächse sind hier nur im Bereich gering Qualifizierter möglich. Demgegenüber kann die Erwerbsbeteiligung der Frauen erheblich gesteigert werden. Bei Fortschreibung des bisherigen Trends wird die Erwerbsbeteiligung 40-50jähriger Frauen in Westdeutschland bis 2030 auf 80 Prozent steigen und in Ostdeutschland auf dem gegenwärtigen hohen Niveau verbleiben. Bei jüngeren Frauen ist ein Anstieg der Erwerbsbeteiligung aufgrund der erwarteten zunehmenden Bildung nicht wahrscheinlich. In den oberen Altersgruppen wird die Erwerbsbeteiligung von Frauen und Männern am stärksten zunehmen, sobald die bereits beschlossenen Abschläge bei vorzeitigem Rentenantritt zu wirken beginnen. Daher wird ein Anstieg des durchschnittlichen Rentenzugangsalters um ein Jahr angenommen.

b) Ergebnisse für die Status-quo-Projektion: Weil der Status quo mit einer hohen und weiter steigenden Belastung des Faktors Arbeit einhergeht, gibt es keinen Grund, mit einem starken Rückgang der Arbeitslosigkeit zu rechnen. Anders als die Bundesregierung meint – die in ihren Berechnungen zur Rentenreform 2001 einen vollständigen Abbau der strukturellen Arbeitslosigkeit bis 2030 unterstellte –, wird der demographisch bedingte Rückgang des Erwerbspersonenpotentials keinesfalls zu einem automatischen Abbau der Arbeitslosigkeit führen. Wahrscheinlich ist höchstens ein Rückgang der Arbeitslosenquote auf das Niveau der 1980er Jahre. Damit sinkt der Beitrag zur Arbeitslosenversicherung nur geringfügig.

Während die demographische Entwicklung bis 2050 relativ genau vorausberechnet werden kann, ist die Prognose der Ausgaben der Krankenversicherung mit höheren Unsicherheiten behaftet. Denn es steht dahin, wie die Zunahme der Lebenserwartung und der medizinisch-technische Fortschritt die altersspezifischen Gesundheitsausgaben beeinflussen. Daher beruhen die folgenden Prognosen auf drei Varianten, die den unteren und oberen Rand der wahrscheinlichen Entwicklung abschätzen (siehe Tab. 10). Variante 1 entspricht der Entwicklung bei unveränderten altersspezifischen Gesundheitsausgaben. Der dargestellte Beitragssatzanstieg beruht hierbei allein auf dem demographischen Effekt. Bei Variante 2 führt die Zunahme der Lebenserwartung zu einem Gewinn an gesund verbrachter Lebenszeit. Hierbei würden die altersspezifischen Ausgaben sogar sinken, was dem demographischen Effekt entgegenwirkt. Variante 3 stellt den ungünstigsten Fall höherer Ausgaben in allen Altersgruppen dar. Hierbei wird die Zunahme der Lebenserwartung gewissermaßen durch höhere Gesundheitsausgaben erkauft, und die Beitragssätze steigen stark.

Jahr	Variante 1	Variante 2	Variante 3
2003	14,2	14,2	14,2
2005	14,3	14,2	14,6
2010	14,6	14,5	15,8
2015	15,1	14,9	17,2
2020	15,6	15,2	18,6
2025	16,2	15,6	20,3
2030	16,7	16,0	22,0
2035	17,1	16,2	23,6
2040	17,5	16,4	25,3
2045	18,1	16,9	27,6
2050	18,7	17,4	29,8

Tab. 10: Status-quo-Prognose der GKV-Beitragssätze [Prozent]

Tab. 11 zeigt die voraussichtliche Entwicklung in der Gesetzlichen Rentenversicherung. Die Darstellung beruht auf der oben erörterten ersten Variante der Entwicklung der Gesundheitsausgaben; bei den anderen Varianten ergeben sich geringfügig günstigere bzw. ungünstigere Werte. Zur Erhöhung der Lesbarkeit wurde der Bundeszuschuß in Prozent der Finanzierungsbasis der Gesetzlichen Rentenversicherung angegeben; daher entspricht die Summe der ersten beiden Spalten jenem hypothetischen Beitragssatz, der bei Wegfall des Bundeszuschusses erhoben werden müßte.

Jahr	Beitragssatz	Bundeszu- schuß	Standardrente
2003	19,5	10,1	1.176
2005	19,5	9,4	1.148
2010	19,1	9,2	1.178
2015	19,8	9,5	1.227
2020	21,0	10,2	1.268
2025	23,1	11,2	1.291
2030	25,0	12,1	1.312
2035	26,0	12,6	1.350
2040	26,1	12,6	1.412
2045	26,1	12,6	1.484
2050	26,2	12,7	1.556

Tab. 11: Status-quo-Prognose zur Gesetzlichen Rentenversicherung [Beitragssatz und Bundeszuschuß in Prozent der Bemessungsgrundlage, Standardrente in Euro zu konstanten Preisen]

Weil die Rentenversicherung nach geltendem Recht Beiträge zur Kranken- und Pflegeversicherung leistet, variieren die Werte je nach Entwicklung der Beitragssätze der Kranken- und Pflegeversicherung um bis zu 1,4 Prozentpunkte. Dieser Effekt wurde in den bisherigen isolierten Projektionen vernachlässigt. Eine ähnliche Interdependenz besteht zur Arbeitslosenversicherung, weil deren Ausgaben ebenfalls von der Beitragssatzentwicklung der übrigen Sozialversicherungsträger abhängen. Die Angaben in Tab. 12 berücksichtigen diese Seiteneffekte und stellen die voraussichtliche Entwicklung der Sozialversicherungsbeiträge bis zum Jahre 2050 zusammenfassend dar. Demnach steigt der Gesamtbeitrag von derzeit 41,8 Prozent je nach Entwicklung der Gesundheitsausgaben bis auf 52,5 bzw. 65,7 Prozent des versicherungspflichtigen Entgelts.

Der hier in Prozent des Bruttoinlandsprodukts ausgedrückte Bundeszuschuß wächst zugleich von derzeit 3,6 auf bis zu 4,7 Prozent. Sofern die übrigen Staatsausgaben relativ zum Bruttoinlandsprodukt konstant gehalten werden sollen, bedingt der Anstieg des Bundeszuschusses außerdem eine Erhöhung der Steuerquote von rund einem Prozentpunkt. Im Fall einer Finanzierung über die Einkommensteuer müßten deren Sätze im gesamten Tarifverlauf um rund drei Prozentpunkte angehoben werden. Damit würde die Grenzbelastung der Arbeitseinkommen durch Sozialversicherungsbeiträge und Einkommensteuer gegenüber dem Basisjahr 2003 im günstigsten Fall um rund 15, im ungünstigsten Fall sogar um 27 Prozentpunkte steigen.

Jahr	Beitragssatz zur Sozialversicherung			Bundeszuschuß	
	Variante 1	Variante 2	Variante 3	Varianten 1 & 2	Variante 3
2003	41,8	41,8	41,8	3,6	3,6
2005	41,4	41,3	41,7	3,4	3,4
2010	41,5	41,4	42,8	3,3	3,3
2015	42,2	42,0	44,5	3,4	3,4
2020	44,2	43,8	47,4	3,6	3,7
2025	47,1	46,5	51,5	4,0	4,1
2030	49,8	49,1	55,5	4,3	4,4
2035	51,5	50,5	58,6	4,5	4,6
2040	52,3	51,2	60,8	4,5	4,6
2045	52,9	51,7	63,2	4,5	4,7
2050	53,6	52,2	65,7	4,5	4,7

Tab. 12: Status-quo-Prognose zur Sozialversicherung [Beitragssatz in Prozent, Bundeszuschuß in Prozent des BIP].

In Anbetracht der schon heute hohen Grenzbelastung des Faktors Arbeit verträgt sich ein weiterer dramatischer Anstieg in der Größenordnung von 15 bis 27 Prozentpunkten kaum mit den obigen moderaten Annahmen zur Erwerbsbeteiligung. Diese Tatsache führt die mangelnde Nachhaltigkeit des heutigen Sozialversicherungssystems in aller Eindringlichkeit vor Augen.

c) Ergebnisse für das Reformszenario: Die folgenden Tabellen verdeutlichen die langfristigen Wirkungen der vorgeschlagenen Reformen. Sie berücksichtigen die im makroökonomischen Modell nachgewiesenen positiven Wachstums- und Beschäftigungsimpulse, vor allem den Anstieg des Bruttoinlandsprodukts und der Beschäftigung um rund fünf Prozent. Die Gesamtreform erhöht die Beschäftigung, weil sie Fehlanreize beseitigt, die Arbeitsnachfrage der Unternehmen erhöht und Suchprozesse der Arbeitnehmer beschleunigt. Bei konsequenter Umsetzung der Maßnahmen wird die Arbeitslosenquote voraussichtlich auf einen Wert von vier bis fünf Prozent sinken.

Jahr	Grundbeitrag	Bruttolohn	Verhältnis
2003	190	2.431	7,3
2005	196	2.702	7,6
2010	217	2.837	7,8
2015	233	2.979	7,8
2020	245	3.128	7,8
2025	256	3.284	7,8
2030	268	3.448	7,8
2035	282	3.621	7,8
2040	302	3.802	7,9
2045	327	3.992	8,2
2050	353	4.191	8,4

Tab. 13: Reform-Prognose zur Gesetzlichen Krankenversicherung
[In Euro zu konstanten Preisen, Verhältnis in Prozent]

Analog zur Status-quo-Projektion hängt die Entwicklung der Grundbeiträge zur Gesetzlichen Krankenversicherung auch im Reformszenario wesentlich vom Einfluß der Demographie und des medizinisch-technischen Fortschritts auf die altersspezifischen Gesundheitsausgaben ab. Tab. 13 zeigt dies für die oben erläuterte erste Variante; bei den beiden anderen Varianten ergeben sich entsprechend niedrigere bzw. höhere Werte. Weil Grundbeiträge die Gesundheitsausgaben vom Faktor Arbeit entkoppeln, wirkt sich der voraussichtliche Anstieg dieser Ausgaben nicht mehr negativ auf Beschäftigung und Wachstum aus. Zugleich immunisieren Grundbeiträge die Einnahmen der Krankenversicherung gegenüber demographischen Änderungen, weil Rentner und Erwerbstätige den gleichen Betrag zahlen. Dieser wichtige Effekt ist Hauptursache dafür, daß die Belastung durch Grundbeiträge im Verhältnis zur allgemeinen Einkommensentwicklung überraschend moderat zunimmt: Während ein Arbeitnehmer im Basisjahr 2003 rund 7,3 Prozent seines Bruttolohns für die Krankenversicherung aufwendet, steigt dieser Wert bis 2035 auf 7,8 Prozent und danach auf 8,4

Prozent im Jahre 2050. Bei den beiden anderen Varianten der Entwicklung der Gesundheitsausgaben ergeben sich für das Jahr 2050 Werte von 7,8 bzw. 13,5 Prozent des Bruttolohns. Daher ist auch das oben vorgeschlagene System der Krankenversicherung, das nicht auf Kapitaldeckung beruht, nachhaltig.

Bei der Gesetzlichen Rentenversicherung nehmen die Einnahmen aufgrund des Beschäftigungszuwachses mechanisch zu, weil der Beitragssatz fixiert wird. Darüber hinaus wird der Trend der Erosion versicherungspflichtiger Beschäftigungsverhältnisse gestoppt, und zwar vor allem durch den Einbezug der Gesamtbevölkerung. Diese Maßnahme stärkt die Finanzierungsbasis der Gesetzlichen Rentenversicherung – des einzigen Sozialversicherungssystems, das nach der Reform einkommensabhängige Beiträge erhebt – im Vergleich zur Status-quo-Projektion und wirkt daher für sich genommen ebenfalls auf einen Rentenzuwachs hin. Demgegenüber wird der Einführungsgewinn, der sich durch die Einbeziehung von Selbständigen in die Rentenversicherungspflicht ergibt, nicht für Rentenerhöhungen verbraucht, sondern für eine Senkung des Bundeszuschusses zur Rentenversicherung.

Insgesamt ergibt sich, daß die heutige Rentnergeneration durch die Gesamtreform gewinnt. Damit Rentnerhaushalte mit niedrigem Einkommen durch die Umstellung der Krankenversicherungsbeiträge auf Grundbeiträge nicht schlechtergestellt werden, könnte für sie ein sozialer Ausgleich vorgesehen werden, dessen Volumen höchstens sechs Milliarden Euro beträgt. Rentnerhaushalte mit mittleren und höheren Einkommen profitieren von der Umstellung ohnehin.

Verglichen mit der Status-quo-Prognose verlangsamt das Einfrieren des Beitragssatzes zur Gesetzlichen Rentenversicherung den Rentenanstieg erst ab dem Jahre 2020. Weil sich die demographische Änderung in den Jahren zwischen 2030 und 2035 am stärksten bemerkbar macht, liegen die realen Renten in diesen Jahren geringfügig unter denen des Jahres 2005. Hierbei ist jedoch zu beachten, daß die Politik eines konstanten Beitragssatzes die verfügbaren Einkommen in den Vorjahren erhöht und damit die Möglichkeit zu privater Vorsorge stärkt. Tab. 14 zeigt jedenfalls, daß die umlagefinanzierten Renten langfristig nicht nur nominal, sondern auch real steigen. Der Grund hierfür liegt darin, daß die Bevölkerung langsamer schrumpft als das Pro-Kopf-Einkommen zunimmt. Daher bleibt die Wachstumsrate der Lohnsumme – und damit die Rendite der Beiträge zum Umlageverfahren – dauerhaft positiv. Zwar wächst der Abstand zwischen Löhnen und Renten, doch kann dies durch ergänzende private Kapitalbildung mehr als kompensiert werden.

Auch die Rentner des Jahres 2030 werden durch die Gesamtreform bessergestellt, weil sie zuvor als Erwerbstätige viele Jahre lang von niedrigeren Beiträgen zur Rentenversicherung profitierten. Dies stellt die letzte Spalte in Tab. 14 am Beispiel eines männlichen Durchschnittsverdieners dar, der die Beitragsentlastungen sowie jene Steuerentlastungen, die sich durch Einbeziehung der Selbständigen ergeben, bei einem Zinssatz von drei Prozent zum Aufbau einer ergänzenden privaten Altersvorsorge verwendet.

Daher erlaubt ein Vergleich von Tab. 14 mit Tab. 11 nicht den Schluß, das Reformszenario verschlechtere die Situation von Rentnern. Schließlich ist nicht anzunehmen, daß die Renten im Vergleich zur Sozialhilfe sinken, denn in diesem Fall wären die Sozialhilfeausgaben kaum finanzierbar. Wahrscheinlicher ist, daß sich die Sozialhilfe parallel zum Anstieg der Renten entwickeln wird; dies war übrigens auch in der Vergangenheit zu beobachten.

Man beachte bei der Lektüre der Tab. 14, daß die tatsächliche Standardrente in bisheriger Definition im Jahre 2003 nur 1.176 Euro beträgt. Der entsprechende Eintrag in der Tabelle berücksichtigt bereits die zusätzliche Auszahlung des Zuschusses der Rentenversicherung zur Krankenversicherung und Pflegeversicherung an die Rentner.

Jahr	Beitragssatz	Standardrente	Einschließlich Privatvorsorge
2003	19,5	1.269	1.269
2005	20,1	1.240	1.240
2010	20,1	1.365	1.410
2015	20,1	1.381	1.471
2020	20,1	1.354	1.523
2025	20,1	1.268	1.558
2030	20,1	1.198	1.658
2035	20,1	1.189	1.865
2040	20,1	1.238	2.169
2045	20,1	1.306	2.531
2050	20,1	1.370	2.935

Tab. 14: Reform-Prognose zur Gesetzlichen Rentenversicherung [Beitragssatz in Prozent, Standardrente in Euro zu konstanten Preisen]

Der einmalige Anstieg der Beitragssatzes von 19,5 auf 20,1 Prozent reflektiert den Wegfall der Zahlungen der Bundesanstalt für Arbeit an die Gesetzliche Rentenversicherung. Zur Erleichterung des Vergleichs bezieht sich der Beitragssatz auf den nach altem Verfahren berechneten Bruttolohn. Der tatsächliche nominale Beitragssatz liegt in Zukunft *niedriger*, weil die Ausschüttung des Arbeitgeberanteils zur Sozialversicherung die Bemessungsgrundlage verbreitert.

Darüber hinaus hat die Gesamtreform durch die Einbeziehung der Selbständigen und die Reform der Hinterbliebenenrente weitere Konsequenzen: Die Einbeziehung der Selbständigen erhöht die Beitragseinnahmen der Gesetzlichen Rentenversicherung im Jahre 2005 um 33 Milliarden Euro. Zieht man hiervon den Wegfall der Einnahmen aus der Arbeitslosenhilfe (zwei Milliarden Euro) ab, kann der Bundeszuschuß um 31 Milliarden Euro gesenkt werden. Auf der anderen Seite steigen die Rentenzahlungen an Selbständige erst langsam an; dieser Übergangsprozeß ist im Jahre 2050 abgeschlossen. Der eingesparte Bundeszuschuß kann für Steuersenkungen oder zur Minderung der Staatsschuld eingesetzt werden, wobei sich unter dem Gesichtspunkt der Nachhaltigkeit der zweite Weg empfiehlt. Wird die Verringerung des Bundeszuschusses vollständig zur Schuldentilgung verwendet, dann bleibt die Summe aus impliziter und expliziter Staatsschuld unverändert, und es besteht nicht die Gefahr, daß die Einbeziehung der Selbständigen in die Gesetzliche Rentenversicherung die Nachhaltigkeit des gesamten Steuer- und Sozialsystems beschädigt.

Die vorgeschlagene Reform der Hinterbliebenensicherung ist im Jahre 2025 abgeschlossen. Für sich genommen mindert das Rentensplitting die Rentenzahlungen um rund 15 Prozent. Berücksichtigt man aber, daß bereits mit der Rentenreform 2001 eine Verschärfung der Einkommensanrechnung beschlossen wurde, fällt der Einspareffekt mit rund zwölf Prozent etwas geringer aus.

Eine Tab. 12 entsprechende Darstellung der Gesamtreform ist nicht notwendig, weil sie sich unmittelbar aus der Konstruktion ergibt: Der wachstums- und beschäftigungsfeindliche Keil zwischen Arbeitskosten und Nettoeinkommen – der in der Status-quo-Prognose auf Werte zwischen 53,6 und 65,7 Prozent steigt – bleibt konstant bei 20,1 Prozent, weil der Beitragssatz zur Gesetzlichen Rentenversicherung auf diesem Niveau fixiert wird, die Grundbeiträge nicht vom Arbeitseinkommen abhängen und Beiträge zur Arbeitslosenversicherung entfallen; in allen Fällen kommt natürlich die Steuerbelastung hinzu. Um nicht mißverstanden zu werden: Die volkswirtschaftlichen Kosten des

Gesundheitssystems steigen auch im Reformszenario, doch ist dies ein reiner Einkommenseffekt, der keine negativen Anreize auslöst, weil die Grundbeiträge nicht vom Einkommen abhängen.

d) Fazit: Zusammengefaßt bewirkt der Vorschlag kurzfristig eine Halbierung der Beitragssätze, doch sinken diese langfristig noch weit stärker, nämlich bis auf weniger als ein Drittel der Status-quo-Projektion. Damit transformiert die Gesamtreform das heutige nicht nachhaltige Sicherungssystem in ein nachhaltiges System, ohne die Erwerbstätigen oder andere Bevölkerungsgruppen zu überfordern. Sie schafft die ökonomischen Folgen der demographischen Entwicklung zwar nicht aus der Welt, bildet aber die Voraussetzung, ihnen in einer vorausschauenden und sozial ausgewogenen Weise zu begegnen.

Literaturangaben

Zu Kapitel III: Sozialhilfe und Arbeitslosenversicherung

Acemoglu, D. und R. Shimer (1998), Optimal Unemployment Insurance, NBER Working Paper No. 6686, Cambridge: Mass.

Atkinson, A. und J. Micklewright (1991), Unemployment Compensation and Labor Market Transitions: A Critical Review, Journal of Economic Literature 29, 1679-1727.

Bertola, G., F. Blau und L. Kahn (2002), Labor Market Institutions and Demographic Employment Patterns, NBER Working Paper No. 9043, Cambridge, MA, Juli 2002.

Boeters, St., M. Feil und N. Gürtzgen (2003), Discrete Working Time Choice in an Applied General Equilibrium Model, mimeo, Mannheim.

Boeters, St., N. Gürtzgen und R. Schnabel (2003), Reforming Social Welfare in Germany: An Applied General Equilibrium Analysis, ZEW-Discussion-Paper 03-70, Mannheim.

Böhringer, C., St. Boeters und M. Feil (2002), Taxation and Unemployment: An Applied General Equilibrium Approach for Germany, ZEW-Discussion-Paper 02-39, Mannheim

Bonin, H., Kempe, W. und H. Schneider (2002), Kombilohn oder Workfare? Zur Wirksamkeit zweier arbeitsmarktpolitischer Strategien, IZA Discussion Paper No. 587, Bonn.

Buslei, H. und V. Steiner (1999), Beschäftigungseffekte von Lohnsubventionen im Niedriglohnbereich, ZEW Wirtschaftsanalysen 42, Baden-Baden.

Breuer, W. und D. Engels (1999), Grundinformationen und Daten zur Sozialhilfe, herausgegeben vom Bundesministerium für Arbeit und Sozialordnung, Bonn.

Breyer, F. (2002), Lohnabstandsgebot und Anspruchslohn – Zu den Vorschlägen einer Sozialhilfereform, Vierteljahreshefte zur Wirtschaftsforschung, 71 (4), 1-11.

Bundesanstalt für Arbeit (o. J.), Amtliche Nachrichten der Bundesanstalt für Arbeit – Strukturanalyse, diverse Jahrgänge, Nürnberg.

Bundesanstalt für Arbeit (2001), Amtliche Nachrichten der Bundesanstalt für Arbeit – Arbeitsstatistik 2001, Jahreszahlen, Nürnberg.

Bundesministerium für Arbeit und Sozialordnung (2001), Sozialbericht 2002, Berlin.

Bundesministerium für Arbeit und Sozialordnung (2002), Regelsätze für die Hilfe zum Lebensunterhalt, Berlin.

Deutsche Bundesbank (1996), Fiskalische Hemmnisse bei der Aufnahme einer regulären Erwerbstätigkeit im unteren Lohnsegment, Monatsberichte der Deutschen Bundesbank 48, 61-66.

Dickert-Conlin, S. und D. Holtz-Eakin (2000), Employee-Based versus Employer-Based Subsidies for Low-Wage Workers: A Public Finance Approach. In: Card, D. E. (Hrsg.), Finding Jobs: Work and Welfare Reforms, 262-295, New-York.

Eissa, N. und J. Liebman (1996), Labor Supply Response to the Earned Tax Credit, The Quarterly Journal of Economics, 111 (2), 605-637.

Engels, D. (2001), Abstand zwischen Sozialhilfe und unteren Arbeitnehmereinkommen: Neue Ergebnisse zu einer alten Kontroverse, Sozialer Fortschritt 3, 56-62.

Feist, H. (2000), Arbeit statt Sozialhilfe. Zur Reform der Grundsicherung in Deutschland, Tübingen.

Feldstein, M. und D. Altman (1998), Unemployment Insurance Savings Accounts, NBER Working Paper No. 6860, Cambridge, Mass.

Fölster, S., R. Gidehag, M. Orszag und D. Snower (2002), Assessing Welfare Accounts, IZA-Discussion Paper No. 533, Juli 2002.

Franz, W. (1999), Arbeitsmarktökonomik. Berlin usw.: Springer.

Galler, H. P. und U. Pötter (1987), Unobserved Heterogeneity in Models of Unemployment Duration. In: Mayer, K.-U. (Hrsg.): Applications of Event History Analysis in Life Course Research, Berlin, 628-650.

Genosko, J., G. Hirte und R. Weber (1998), Cross-Subsidization and Experience Rating: A Case Study for the German Unemployment System, Diskussionsbeiträge der Katholischen Universität Eichstätt, Wirtschaftswissenschaftliche Fakultät Ingolstadt, Nr. 109.

Glismann, H. H. und K. Schrader (2001a), Mehr Arbeitsplätze durch Umbau der Arbeitslosenversicherung, Orientierungen zur Wirtschafts- und Gesellschaftspolitik 4, 27-31.

Glismann, H. H. und K. Schrader (2001b), Alternative Systeme der Arbeitslosenversicherung. Das Beispiel der Vereinigten Staaten und des Vereinigten Königreichs, Kieler Arbeitspapiere Nr. 1032.

Glismann, H. H. und K. Schrader (2001c), Optionen einer effizienten Gestaltung der Arbeitslosenversicherung. Kieler Arbeitspapiere Nr. 1052.

Hagen, T. und V. Steiner (2000), Von der Finanzierung der Arbeitslosigkeit zur Förderung von Arbeit, ZEW Wirtschaftsanalysen, Bd. 51, Baden-Baden.

Hassler, J. und J. V. Rodriguez Mora (1999), Employment Turnover and the Public Allocation of Unemployment Insurance, Journal of Public Economics, 73,55-83.

Hassler, J. und J. V. Rodriguez Mora (2002), Should UI Benefits Really Fall over Time, IZA Discussion paper No. 662, Nov. 2002.

Haustein, T. (2001), Ergebnisse der Sozialhilfe- und Asylbewerberleistungsstatistik 1999, Wirtschaft und Statistik 5, 372-385.

Hersoug, T. (1984), Union Wage Responses to Tax Changes, Oxford Economic Papers 36, 37-51.

Homburg, St. (2001) The Optimal Income Tax: Restatement and Extensions. Finanzarchiv 58, S. 363-395.

Homburg, St. (2002), Arbeitslosigkeit und zweitbeste Steuer-Transfer-Systeme, Diskussionspapier Nr. 262, Universität Hannover, Oktober 2002.

Hujer, R., O. Löwenbein und H. Schneider (1990), Wages and Unemployment: a Microeconometric Analysis for the FRG. In: König, H. (Hrsg.): Economics of Wage Determination, Berlin und Heidelberg.

Hujer, R. und H. Schneider (1998), Initial- und Verlaufseffekte der ‚Replacement Ratio‘ auf die individuelle Arbeitslosigkeitsdauer. In: Galler, H. P. und H.-J. Krupp (Hrsg.): Empirische Forschung und wirtschaftspolitische Beratung, Frankfurt, 184-199.

Hunt, J. (1995), The Effect of Unemployment Compensation on Unemployment Duration in Germany, Journal of Labor Economics, 13(1), 88-120.

Institut für Arbeitsmarkt- und Berufsforschung (2002), IAB-Zahlenfibel – Ergebnisse der Arbeitsmarkt- und Berufsforschung in Tabellen, Nürnberg.

Jerger, J. und A. Spermann (1997), Promoting Low-Wage Employment: The Case for a Negative Income Tax, Jahrbuch für Wirtschaftswissenschaften 48, 269-287.

Kahnemann, D., P. Slovic und A. Tversky (1982), Judgement under Uncertainty: Heuristics and Biases. Cambridge: Cambridge University Press.

Kaltenborn, B. (2001), Kombilöhne in Deutschland – eine systematische Übersicht, IAB-Werkstattbericht Nr. 14, Nürnberg.

Koskela, E. und J. Vilmunen (1996), Tax Progression is Good for Employment in Popular Models of Trade Union Behaviour, Labour Economics 3, 65-80.

Kreyenfeld, M. und K. Hank (2000), Does the Availability of Child Care influence the Employment of Mothers? Findings from Western Germany, Population Research and Policy Review 19, 317-337.

Krueger, A. und B. Meyer (2002), Labor Supply Effects of Social Insurance, NBER Working Paper No. 9014, Cambridge, MA, Juni 2002.

Orszag, M. und D. Snower. (2002), From Unemployment Benefits to Unemployment Accounts. IZA-Discussion Paper No. 532, Juli 2002.

Plaßmann, G. (2001), Der Einfluss der Arbeitslosenversicherung auf die Arbeitslosigkeit in Deutschland, Beiträge zur Arbeitsmarkt- und Berufsforschung 255, Nürnberg.

Pohl, R. (2000), Der Konflikt zwischen tariflichen oder staatlichen Mindestlöhnen und dem Sozialhilfeniveau. In: Hauser, R. (Hrsg.): Die Zukunft des Sozialstaats, Schriften des Vereins für Socialpolitik 271, Berlin, 229-271.

Sanfey, P. J. (1995), Insiders and Outsider in Union Models, Journal of Economic Surveys 9, 255-284.

Schnabel, R. (2003), Unemployment Insurance and Early Retirement in Germany, Working Paper, University of Essen.

Sell, St. (1998), Weiterentwicklung der Sozialhilfe an der Schnittstelle zwischen Leistungsbezug und Erwerbstätigkeit?, Sozialer Fortschritt 47, 27-30.

Sinn, H.-W. et al. (2002), Aktivierende Sozialhilfe. Ein Weg zu mehr Beschäftigung und Wachstum, IFO-Schnelldienst 55, 3-52.

Snower, D. J. (1994), Converting Unemployment Benefits into Employment Subsidies, American Economic Review, Papers and Proceedings 84, 65-70.

Spermann, A. (1996), Das Einstiegsgeld für Langzeitarbeitslose, Wirtschaftsdienst 76, 240-246.

Spermann, A. (1999), Fighting Long-term Unemployment with Targeted Employment Subsidies: Benefit Transfer Programme (BTP) versus Targeted Negative Income Tax (TNIT), Jahrbücher für Nationalökonomie und Statistik 218, 647-657.

Spermann, A. (2001), Negative Einkommensteuer, Lohnsubventionen und Langzeitarbeitslosigkeit, Frankfurt.

Statistisches Bundesamt (2000), Bevölkerung und Erwerbstätigkeit, Fachserie 1, Reihe 3, Haushalte und Familien, Stuttgart.

Statistisches Bundesamt (2002), Sozialleistungen, Fachserie 13, Reihe 2, Sozialhilfe, Stuttgart.

Vaubel, R. (1996), Aktuelle Möglichkeiten der Einkommenssicherung über eine negative Einkommensteuer. In: Siebert, H. (Hrsg.), Sozialpolitik auf dem Prüfstand, Leitlinien für Reformen, Tübingen, 169-195.

Wissenschaftlicher Beirat beim Bundesministerium für Wirtschaft und Technologie (2002), Gutachten zur „Reform des Sozialstaats für mehr Beschäftigung im Bereich gering qualifizierter Arbeit" vom 28./29. Juni 2002, Hamburg.

Wurzel, E. (1990), Staggered Entry and Unemployment Durations: an Application to German Data. In: Hartog, J. (Hrsg.): Panel Data and Labour Market Studies, Amsterdam, 119-134.

Vaubel, R. (1990), Sozialpolitik für mündige Bürger: Optionen für eine Reform, Baden-Baden: Nomos Verlagsgesellschaft.

Zweifel, P. und R. Eisen (2000), Versicherungsökonomie, Berlin und Heidelberg.

Zu Kapitel IV: Alterssicherung

Abel, A. B., N. G. Mankiw, L. H. Summers und R. J. Zeckhauser (1989), Assessing Dynamic Efficiency: Theory and Evidence, Review of Economic Studies 56: 1-19.

Beckmann, K. (2000), A Note on the Tax Rate Implicit in Contributions to Pay-as-you-go Public Pension Systems, Finanzarchiv N.F. 57, 63-76.

Börsch-Supan, A. (1998), Germany: A Social Security System on the Verge of Collapse. In: H. Siebert (Hrsg.), Redesigning Social Security, Tübingen, 129-159.

Breyer, F. (1989), On the Intergenerational Pareto Efficiency of Pay-as-you-go Financed Pension Systems, Journal of Institutional and Theoretical Economics 145: 643-658.

Breyer, F. (1997), Sind „äquivalente" Renten fair? In: R. Hauser (Hrsg.), Reform des Sozialstaats I, Berlin, 169-180.

Breyer, F. (2001), Hinterbliebenensicherung und Ehegattensplitting in der Sozialversicherung, Zeitschrift für Wirtschaftspolitik 50: 169-178.

Breyer, F., M. Kifmann und K. Stolte (1997) Rentenzugangsalter und Beitragssatz zur Rentenversicherung, Finanzarchiv 54: 187-202.

Breyer, F. und M. Kifmann (2002), Incentives to Retire Later – a Solution to the Social Security Crisis?, Journal of Pension Economics and Finance 1: 111-130.

Breyer, F. und M. Kifmann (2004), The German Retirement Benefit Formula: Drawbacks and Alternatives, erscheint in: Finanzarchiv 60 (2004).

Breyer, F. und K. Stolte (2001), Demographic Change, Endogenous Labor Supply, and the Feasibility of Pension Reform, Journal of Population Economics 14: 409-424.

Cannon, E. und I. Tonks (2002), Annuity Prices, Money's Worth and Replacement Ratios: UK Experience 1972-2002, CMPO Working Paper No. 02/051, University of Bristol, September.

Davies, J.B. und P. Kuhn (1992), Social Security, Longevity, and Moral Hazard, Journal of Public Economics 49: 91-106.

Fenge, R. (1995), Pareto-Efficiency of the Pay-as-you-go Pension System with Intragenerational Fairness. Finanzarchiv 52, 357-364.

Fenge, R., S. Übelmesser und M. Werding (2002), Second-best properties of implicit social security taxes: theory and empirical evidence, CESifo Working Paper No. 743, June.

Finkelstein, A. und J. Poterba (2002), Selection Effects in the United Kingdom Annuities Market, Economic Journal 112, 28-50.

Gordon, R.H. und H. R. Varian (1988), Intergenerational Risk Sharing, Journal of Public Economics 37, 185-202.

Homburg, St. (1990) The Efficiency of Unfunded Pension Schemes. Journal of Institutional and Theoretical Economics 146, 640-647.

Homburg, St. (1992), Efficient Economic Growth, Berlin usw.: Springer.

Homburg, St. (2000a), Compulsory Savings in the Welfare State, Journal of Public Economics 77: 233-239.

Homburg, St. (2000b), A Social Security Fallacy, Zeitschrift für die gesamte Versicherungswissenschaft, 409-419.

James, E. und D. Vittas (1999), Annuities Markets in Comparative Perspective: Do Consumers Get Their Money's Worth? unpubl. Manuscript, The World Bank, September.

Jung, M. (1998), Berufsständische Versorgung. In: Cramer, Förster, Ruland (Hrsg.), Handbuch zur Altersversorgung: gesetzliche, betriebliche und private Vorsorge in Deutschland, 151-170.

Kifmann, M. (2001), Langfristige Folgen einer Einbeziehung der Selbständigen in die gesetzliche Rentenversicherung, Konjunkturpolitik 47: 51-73.

Kolmar, M. (1997), Optimale Ansiedlung sozialpolitischer Entscheidungskompetenzen in der Europäischen Union, Tübingen: Mohr-Siebeck.

Merton, R. (1983), On the Role of Social Security as a Means for Efficient Risk Sharing in an Economy where Human Capital is Not Tradable. In: Z. Bodie und J. Shoven (Hrsg.), Financial Aspects of the United States Pension System, Chicago/London: 325-358.

Ohlsmann, S., U. Stolz und R. Thiede (2003), Rentenabschläge bei vorgezogenem Rentenbeginn: Welche Abschlagssätze sind „richtig"?, Die Angestelltenversicherung, Heft 4, 171-179.

Philipson, T. J. und G. S. Becker (1998), Old-Age Longevity and Mortality-Contingent Claims, Journal of Political Economy 106: 551-573.

Reil-Held, A. (2002), Die Rolle intergenerationeller Transfers in Einkommen und Vermögen älterer Menschen in Deutschland, Dissertation, Universität Mannheim.

Reimann, A. (2002), Die Zukunft der Alterssicherung aus rentenpoliti-scher Sicht, 8. Hochschultage der VFH Schleswig-Holstein am 2./3.10.02 in Reinfeld.

Shiller, R. (1999), Social Security and Institutions for Intergenerational, Intragenerational and International Risk Sharing, Carnegie-Rochester Conference Series on Public Policy 50: 165-204.

Sinn, H.-W. (2003), The Pay-as-you-go Pension System as a Fertility Insurance and Enforcement Device, NBER Working Paper 6610 (1998), erscheint in: Journal of Public Economics.

Sinn, H.-W. (2000), Why a Funded Pension System is Useful and Why it is not Useful, International Tax and Public Finance 7: 389-410.

Sinn, H.-W. und S. Übelmesser (2001), Pensions and The Path to Ge-rontocracy in Germany, European Journal of Political Economy 19, 2002, pp. 153-158.

Speckbacher, G. (1994), Alterssicherung und intergenerationale Ge-rechtigkeit, Heidelberg: Physica.

Spremann, K. (1984), Intergenerational Contracts and Their Decom-position, Zeitschrift für Nationalökonomie 44: 237-253.

Statistisches Bundesamt (2003), Bevölkerungsentwicklung Deutsch-lands bis zum Jahr 2050. Ergebnisse der 10. koordinierten Bevölke-rungsvorausberechnung, Wiesbaden.

Sudhoff, B. (1995), Alterssicherung, demographischer Wandel und intergenerationelle Gerechtigkeit, Hamburg: Kovac.

Thøgersen, O. (1998), A Note on Intergenerational Risk Sharing and the Design of Pay-as-you-go Pension Programs, Journal of Popula-tion Economics 11: 373-378.

Wigger, B. (2000), Economic Growth, Intergenerational Transfers, and the Pay-as-you-go System, ifo-Studien 46, 465-483.

Wissenschaftlicher Beirat beim Bundesministerium für Wirtschaft (1998), Grundlegende Reform der gesetzlichen Rentenversiche-rung, Gutachten.

Wissenschaftlicher Beirat beim Bundesministerium für Wirtschaft (2002), Reform des Sozialstaats für mehr Beschäftigung im Bereich gering qualifizierter Arbeit, Nr. 512, August.

Wolfe, J.R. (1983), Perceived Longevity and Early Retirement, Review of Economics and Statistics 65, 544-551.

Zu Kapitel V: Kranken- und Pflegeversicherung

Aaron, H. J. und C. L. Schultze (Hrsg., 1992), Setting Domestic Priorities. What Can Government Do?, Washington, D.C.

Akademie für Ethik in der Medizin e. V. (1995), Ethische Fragestellungen im Zusammenhang mit der Gesundheitsreform Stufe 3, Göttingen.

Albring, M. und E. Wille, (Hrsg., 2001), Qualitätsorientierte Vergütungssysteme in der ambulanten und stationären Behandlung, Frankfurt et al.

Almeida, C. et al. (2001), Methodological Concerns and Recommendations on Policy Consequences of the World Health Report 2000. The Lancet, Vol. 357, May 26, S. 1692-1697.

Behrens, J. et al. (1996), Die Hoffnung auf Wettbewerb im Gesundheitswesen. In: Behrens, J. et al. (Hrsg.), Gesundheitssystementwicklung in den USA und Deutschland. Wettbewerb und Markt als Ordnungselemente im Gesundheitswesen auf dem Prüfstand des Systemvergleichs, Baden-Baden, S. 11-19.

Beske, F. (2001), Neubestimmung und Finanzierung des Leistungskatalogs der gesetzlichen Krankenversicherung: Kieler Konzept, Berlin.

Beske, F. (2002), Kieler Konzept einer Strukturreform der gesetzlichen Krankenversicherung, Kiel.

Beske, F. (2002), Die Bedeutung des Verschiebebahnhofs und der versicherungsfremden Leistungen für die Finanzsituation der gesetzlichen Krankenversicherung. Arzt und Krankenhaus, 12/02, S. 1-4.

Beske, F., T. Drabinski und C. Michel (2002), Politische Entscheidungen zu Lasten der gesetzlichen Krankenversicherung, Kiel.

Böcken, J. (2002), Gestaltungsspielräume und Grenzen gesundheitspolitischer Entscheidungen in Deutschland. In: Böcken, J., B. Braun und M. Schnee (Hrsg.), Gesundheitsmonitor 2002. Die ambulante Versorgung aus Sicht von Bevölkerung und Ärzteschaft, Gütersloh, S. 150-160.

Bork, C. (2003), Gutachten zur Quantifizierung der Aufkommens- und Verteilungswirkungen ausgewählter Reformansätze im Gesundheitswesen, Wiesbaden, 13.06.2003.

Breyer, F. und V. Ulrich (2000), Gesundheitsausgaben, Alter und medizinischer Fortschritt: Eine Regressionsanalyse. Jahrbuch für Nationalökonomie und Statistik, Bd. 220/1, S. 1-17.

Breyer, F., P. Zweifel und M. Kifmann (2003), Gesundheitsökonomie, 4. Aufl., Berlin et al.

Breyer, F. (2002), Einkommensbezogene versus pauschale GKV-Beiträge – eine Begriffserklärung. Schmollers Jahrbuch 122. Jg., Heft 4, S. 605-616.

Bundesministerium für Arbeit und Sozialordnung (o. J.), Bundesarbeitsblatt, verschiedene Jahrgänge, Stuttgart.

Bundesministerium für Gesundheit (2002), Übersicht über das Sozialrecht, Bonn.

Bundesversicherungsanstalt für Angestellte (2003), Unsere Sozialversicherung, 31. Aufl., Berlin.

Cassel, D. (1997), Ausbau der Wettbewerbskonzeption der Gesetzlichen Krankenversicherung. Arbeit und Sozialpolitik 11-12/1997, S. 10-18.

Demmler, G. (1994), Wettbewerb – eine Alternative zu Dirigismus und Planung? Das Beispiel der kassenärztlichen Versorgung, in Arbeit und Sozialpolitik, 3-4/94, S. 28-34.

EKD-Ausschuss „Rationalisierung und Rationierung im Gesundheitswesen und Sozialbereich" (2000), Ethische Gesichtspunkte für die Debatte über die Rationierung im Gesundheitswesen, o. O.

Evans, D. B. et al. (2001), Comparative Efficiency of National Health Systems: Cross National Econometric Analysis. BMJ, Volume 323, 11. August, S. 307-310.

Evans, D. B. (2002), The Evolution of WHO's Approach to Health System Performance Assessment, in: OECD (Hrsg.), Measuring Up. Improving Health System Performance in OECD Countries, Paris, S. 197-209.

Glied, S. (2003), Health Care Costs: On the Rise Again. Journal of Economic Perspectives, Vol. 17, Nr. 2, S. 125-148.

Government Committee on Choices in Health Care (1992), Choices in Health Care, Rijswijk, The Netherlands.

Grossman, M. (1972), On the Concept of Health Capital and the Demand for Health. Journal of Political Economy, Vol. 80, S. 223-225.

Helou, A., M. Perleth und F. W. Schwartz (2000), Prioritätensetzung bei der Entwicklung medizinischer Leitlinien. Teil 1: Kriterien, Verfahren und Akteure: eine methodische Bestandsaufnahme internationaler Erfahrungen. Zeitschrift für ärztliche Fortbildung und Qualitätssicherung, Jg. 94, S. 53-60.

IGES, G. Igl und J. Wasem (2001), Potentiale und Grenzen der Integration von Gesetzlicher Krankenversicherung (SGB V) und Sozialer Pflegeversicherung (SGB XI). Expertise im Auftrag der Enquête-Kommission Demographischer Wandel des Deutschen Bundestages, Berlin.

IGES, D. Cassel und J. Wasem (2001) Zur Wirkung des Risikostrukturausgleichs in der gesetzlichen Krankenversicherung. Eine Untersuchung im Auftrag des Bundesministeriums für Gesundheit, Endbericht, Berlin.

Jacobs, K. und P. Reschke (1992), Freie Wahl der Krankenkasse. Konzeption und Konsequenzen eines geordneten Kassenwettbewerbs, Baden-Baden.

Jacobs, K. (2000), Gesundheitsreform: Keine Pause in der 2. Halbzeit. Arbeit und Sozialpolitik 11-12/2000, S. 10-15.

Knappe, E. (2000), Demographischer Wandel, medizinischer Fortschritt, europäische Integration. Die BKK 12/2000, S. 527-533.

Knappe, E. und R. Arnold (2002), Pauschalprämie in der Krankenversicherung. Ein Weg zu mehr Effizienz und mehr Gerechtigkeit. Gutachten für die Vereinigung der Bayerischen Wirtschaft e.V., München.

Lauterbach, K. und E. Wille (2001), Modell eines fairen Wettbewerbs durch den Risikostrukturausgleich. Sofortprogramm „Wechslerkomponente und solidarische Rückversicherung" unter Berücksichtigung der Morbidität. Abschlussbericht. Gutachten im Auftrag des VdAK, des AEV, des AOK- und des IKK-Bundesverbandes, Köln und Mannheim.

Mossialos, E. (1997), Citizens' Views on Health Care Systems in the 15 Member States of the European Union. Health Economics, Vol. 6, S. 109-116.

Neubauer, G. (1996), Staatlicher Interventionismus versus wettbewerbliche Selbststeuerung. Ein neuer Ansatz zur Steuerung der Gesundheitsversorgung in Deutschland, in: Behrens, J. et al. (Hrsg.), Gesundheitssystementwicklung in den USA und Deutschland.

Wettbewerb und Markt als Ordnungselemente im Gesundheitswesen auf dem Prüfstand des Systemvergleichs, Baden-Baden, S. 89-99.

Oberender, P. und J. Fleischmann (2002), Gesundheitspolitik in der sozialen Marktwirtschaft. Analysen der Schwachstellen und Perspektiven einer Reform, Stuttgart.

OECD (2003), OECD Health-Data 2003, Paris.

Pfaff, M. et al. (2002), Analyse potentieller Auswirkungen einer Ausweitung des Pharmaversandes in Deutschland, Frankfurt et al.

Poensgen, A. (2003), Konsequent die Zukunft des Gesundheitswesens gestalten. Transparenz, Qualität und klare Verantwortlichkeit, The Boston Consulting Group GmbH.

Postler, A. (2003), Modellrechnungen der Beitragssatzentwicklung in der Gesetzlichen Krankenversicherung. Auswirkungen von demographischem Wandel und medizinisch-technischem Fortschritt, Diskussionsbeiträge der Fakultät für Wirtschaftswissenschaft der Universität Duisburg-Essen, Standort Duisburg, Nr. 298 vom 27.02.2003.

Preuß, K.-J., J. Räbiger und J. H. Sommer (Hrsg., 2002), Managed Care. Evaluation und Performance-Measurement integrierter Versorgungsmodelle, Stuttgart, New York.

Raffelhüschen, B., St. Fetzer und St. Moog (2003), Die Nachhaltigkeit der gesetzlichen Kranken- und Pflegeversicherung: Diagnose und Therapie, in: Albring, M. und E. Wille (Hrsg.), Die GKV zwischen Ausgabendynamik, Einnahmenschwäche und Koordinierungsproblemen, Frankfurt et al., S. 85-114.

Rothgang, H. (2000), Wettbewerb in der Pflegeversicherung. Zeitschrift für Sozialreform, 46. Jg., Heft 5, S. 423-448.

Sachverständigenrat für die konzertierte Aktion im Gesundheitswesen (1994), Sachstandsbericht 1994, Gesundheitsversorgung und Krankenversicherung 2000, Baden-Baden.

Sachverständigenrat für die konzertierte Aktion im Gesundheitswesen (1997/98), Gesundheitswesen in Deutschland, Kostenfaktor und Zukunftsbranche, Bd. II, Sondergutachten 1997, Baden-Baden.

Sachverständigenrat für die konzertierte Aktion im Gesundheitswesen (2000/2001), Bedarfsgerechtigkeit und Wirtschaftlichkeit, Gutachten 2000/2001, Baden-Baden.

Sachverständigenrat für die konzertierte Aktion im Gesundheitswesen (2003), Finanzierung, Nutzerorientierung und Qualität, Gutachten 2003, Bonn.

Schönbach, K.-H. (1994), Perspektiven funktionalen Wettbewerbs in der GKV. Arbeit und Sozialpolitik, Heft 1-2, S. 19-27.

Schulte, B. (1998), Europäische Gesundheitspolitik nach dem Vertrag von Amsterdam. Staatswissenschaften und Staatspraxis, 9. Jg., Heft 3, S. 359-395.

Schulte, B. (2002), Die „Methode der offenen Koordinierung" – Eine neue politische Strategie in der europäischen Sozialpolitik auch für den Bereich des sozialen Schutzes. Zeitschrift für die Sozialreform, 48. Jg., Heft 1, S. 1-28.

Schwartz, F. W. und K. Jung (2000), Vorüberlegungen für mittelfristige Reformschritte in der gesetzlichen Krankenversicherung. Sozialer Fortschritt, 4/2000, S. 70-75.

Schwartz, F. W. (2001), Bedarf und bedarfsgerechte Versorgung aus der Sicht des Sachverständigenrates. Gesundheitswesen, 63. Jg., S. 1-6.

Statistisches Bundesamt (1994-2000), Statistisches Jahrbuch für die Bundesrepublik und für das Ausland, Wiesbaden.

Statistisches Bundesamt (2002), D-Statis, Erwerbstätigkeit früheres Bundesgebiet, Internet, Wiesbaden.

Stepan, A. und M. Sommersguter-Reichmann (1999), Priority-setting in Austria. Health Policy, Vol. 50, S. 91-104.

Ulrich, V. (2000), Medizinisch-technischer Fortschritt, demographische Alterung und Wachstum der Gesundheitsausgaben: Was sind die treibenden Faktoren? Gesundheitsökonomie und Qualitätsmanagement, 5. Jg., Heft 6, S. 163-172.

Verband der privaten Krankenversicherung e. V. (1999), Perspektiven der PKV in Europa, Köln.

Wambach, A. (2003), Elemente einer Basisversicherung, in: Wille, E. (Hrsg.): Rationierung im Gesundheitswesen und ihre Alternativen, Baden-Baden, S. 21-40.

Wasem, J. (1999), Das Gesundheitswesen in Deutschland: Einstellungen und Erwartungen der Bevölkerung. Wissenschaftliche Analyse und Bewertung einer repräsentativen Bevölkerungsstudie, Neuss.

Wille, E. (1986), Effizienz und Effektivität als Handlungskriterien im Gesundheitswesen, insbesondere im Krankenhaus, in: Wille, E. (Hrsg.), Informations- und Planungsprobleme in öffentlichen Aufgabenbereichen, Frankfurt et al., S. 91-126.

Wille, E. und U. Schneider (1996/97), Zur Regionalisierung in der gesetzlichen Krankenversicherung. Recht und Politik im Gesundheitswesen, Bd. 2, Heft 4, S. 141-158.

Wille, E. (1997), Ist § 70 SGB V (Qualität, Humanität und Wirtschaftlichkeit der Versorgung) realisierbar? Arzt und Krankenhaus, 7/97, S. 208-213.

Wille, E. (1998), Zukünftige finanzielle Absicherung des Krankheitsrisikos. Arbeit und Sozialpolitik, Heft 1/2, S. 16-27.

Wille, E. (1999), Auswirkungen des Wettbewerbs auf die gesetzliche Krankenversicherung, in: Wille, E. (Hrsg.), Zur Rolle des Wettbewerbs in der gesetzlichen Krankenversicherung. Gesundheitsversorgung zwischen staatlicher Administration, korporativer Koordination und marktwirtschaftlicher Steuerung, Baden-Baden, S. 95-156.

Wille, E. et al. (1999), Finanzwirtschaftliche und strukturelle Entwicklungen in der Pflegeversicherung vor dem Hintergrund des demographischen Wandels bis zum Jahr 2040. Expertise für die Enquête-Kommission „Demographischer Wandel" des Deutschen Bundestages, in: Enquête-Kommission „Demographischer Wandel" Deutscher Bundestag (Hrsg.), Herausforderungen unserer älter werdenden Gesellschaft an den einzelnen und die Politik, Studienprogramm, Bd. III, Heidelberg, S. 631-755.

Wille, E. (1999), Resümee: Die Suche nach einem effizienten und adäquat finanzierten Gesundheitswesen in einem zusammenwachsenden Europa, in: Albring, M. und E. Wille (Hrsg.): Szenarien im Gesundheitswesen, Frankfurt et al., S. 283-302.

Wille, E. (2000), Das deutsche Gesundheitswesen unter Effizienz- und Effektivitätsaspekten, in: Wille, E. und M. Albring (Hrsg.), Rationalisierungsreserven im deutschen Gesundheitswesen, Frankfurt et al., S. 349-387.

Wille, E. (2001a), Basis- und Zusatzversorgung in der gesetzlichen Krankenversicherung, Arbeitsbericht Nr. 199/Dezember 2001 der Akademie für Technikfolgenabschätzung in Baden-Württemberg, Stuttgart.

Wille, E. (2001b), Einige Anmerkungen zur Schwerpunkt- und Prioritätenbildung im Gesundheitswesen aus ökonomischer Sicht, in: Albring, M. und E. Wille (Hrsg.), Qualitätsorientierte Vergütungssysteme in der ambulanten und stationären Behandlung, Frankfurt et al., S. 17-27.

Wille, E. Hrsg. (2002), Anreizkompatible Vergütungssysteme im Gesundheitswesen, Baden-Baden.

Wille, E. (2002), Reformoptionen der Beitragsgestaltung in der gesetzlichen Krankenversicherung, in: Gesundheit und Gesellschaft, Wissenschaft, 2. Jg., Ausgabe 3 (Juli), S. 7-14.

Wille, E. und C. Igel (2002): Zur Reform der Beitragsgestaltung, insbes. der Pflichtversicherungsgrenze in der gesetzlichen Krankenversicherung – eine empirische Analyse. Gutachten im Auftrag des Verbandes der privaten Krankenversicherung e. V., Mannheim.

Wissenschaftlicher Beirat beim Bundesministerium der Finanzen (1990), Stellungnahme zur Finanzierung der Pflegekosten, Bonn, Dezember 1990.

World Health Organization (2000), The World Health Report 2000. Health Systems: Improving Performance, France.

Zentrale Ethikkommission (2000), Prioritäten in der medizinischen Versorgung im System der gesetzlichen Krankenversicherung (GKV): Müssen und können wir uns entscheiden?, in: Deutsches Ärzteblatt 97, Heft 15, 14. April 2000, S. C-786-C-792.

Zok, Karl (1999), Anforderungen an die Gesetzliche Krankenversicherung. Einschätzungen und Erwartungen aus der Sicht der Versicherten, WIdO-Materialien 43, Bonn.

Zweifel, Peter und Breuer, Michael (2002), Weiterentwicklung des deutschen Gesundheitssystems. Gutachten im Auftrag des Verbands Forschender Arzneimittelhersteller e. V., Zürich

Druck: Strauss Offsetdruck, Mörlenbach
Verarbeitung: Schäffer, Grünstadt